Herbert Walker

Desserts & mehr

Herbert Walker

Desserts & mehr

Vollwertige Süßspeisen mit Pfiff

pala verlag

Inhalt

Liebe Leserinnen und Leser,

Desserts bilden bei vielen Mahlzeiten den Höhepunkt und Abschluss, sie sind auch in der Vollwertküche das Sahnehäubchen. Wenngleich ich bei meinen Rezepten nicht nur auf Sahne setze, haben sie doch alle Pfiff, so hoffe ich wenigstens.

Ich liebe Süßes. Deshalb hat mir das Ausprobieren besonders viel Spaß gemacht, und ich habe die Desserts so richtig genossen.

Meine Desserts sind natürlich meist süß, doch bei weitem nicht so süß wie in der konventionellen Küche. In meinen Rezepten arbeite ich so weit wie möglich mit Obst oder Obstsäften, also natürlichen Süßungsmitteln, dazu kommt natürlich noch Honig und in ganz seltenen Fällen Sirup.

Wie immer in meinen Büchern sind viele Rezepte für eine Ernährung ohne tierisches Eiweiß oder auch für Veganer geeignet, die den Honig eben durch Sirup und die Sahne durch Tofucreme ersetzen können.

Das »mehr« im Titel meines Buches hält, was es verspricht: Außer Desserts will ich Ihnen auch süße Suppen und Hauptspeisen vorstellen, denn – ganz ehrlich – wir sind doch alle Naschkatzen, zumindest hin und wieder.

Wie immer wünsche ich Ihnen viel Spaß beim Lesen, gutes Gelingen beim Kochen und ganz besonders viel Genuss beim Essen.

Ihr

Hinweise zu den Rezepten

❒ Alle **Gerichte sind in der Regel für vier Personen** berechnet. Allerdings kann man bei Süßspeisen nicht immer so genau zwischen süßem Hauptgericht und Dessert unterscheiden. Wenn Sie ein süßes Hauptgericht auch einmal als Dessert servieren wollen, dann reicht ein solches Rezept für sechs bis acht Personen, je nachdem, wie umfangreich Vor- und Hauptspeise waren.
Süße Hauptgerichte finden Sie im Kapitel »Knödelrunde Poesie« sowie im Kapitel »Süßes aus dem Ofen«.
Wollen Sie ein Dessert als Hauptgericht servieren, müssen Sie die Mengen um ein Drittel oder die Hälfte erhöhen.

❒ **Gerichte ohne tierisches Eiweiß** sind im Buch mit zwei Ähren und im Rezeptindex mit einem * gekennzeichnet. Diese Rezepte enthalten wie die übrigen Rezepte als Süßungsmittel Honig. Wer ganz auf tierische Produkte verzichten möchte, kann den Honig durch Sirup ersetzen.
Ist ein Rezept im Buch mit einer Ähre und im Rezeptindex mit (*) gekennzeichnet, bedeutet dies, dass in einem dem Rezept nachstehenden Tipp eine Variante ohne tierisches Eiweiß beschrieben wird oder das Gericht beispielsweise durch den Ersatz von Butter durch Öl oder Margarine problemlos ohne tierisches Eiweiß zubereitet werden kann.

❒ Alle **Temperaturangaben** und **Zeitangaben** beim **Backen** beziehen sich auf einen Elektrobackofen mit Ober- und Unterhitze. Bis auf wenige Ausnahmen **heize ich den Backofen nicht vor**, sondern stelle das Gericht in den kalten Backofen. Wenn der Backofen vorgeheizt werden soll, schreibe ich dies extra dazu.
Bei einem Umluftherd richten Sie sich bitte nach den Angaben des Herstellers.
Wenn ich in meinem Backofen mit Umluft backe, reduziere ich die Temperatur um 20 bis 25 Prozent, halte allerdings die Zeitangaben wie beschrieben ein.

Meine Zutaten

Ich möchte hier keine ausführliche Einführung in die Vollwerternährung geben, aber doch etwas auf die Grundlagen eingehen.

Aus dem vollen Korn

- Ich verwende zum Kochen und Backen nur frisch gemahlenes **Vollkornmehl** aus allen üblichen Getreidearten, wobei ich einen Teil des Weizens oder Dinkels manchmal gerne insbesondere durch Roggen ersetze, weil die Gerichte dadurch viel lebhafter und kräftiger schmecken. Wenn Sie keine Getreidemühle besitzen und das Kochen und Backen mit Vollkornmehl erst einmal ausprobieren wollen, können Sie die entsprechenden Mengen meist frisch in den Läden mahlen lassen. Für manche Gerichte ist auch eine Flockenquetsche gut geeignet.
- Wenn ich Getreideprodukte wie Grieß, Semmelbrösel oder Zwieback verwende, meine ich immer und ausschließlich Produkte aus dem **vollen Korn**.
  Ein wichtiger Grundsatz der Vollwerternährung ist: »Lasst unsere Nahrung so natürlich wie möglich«. Deshalb gehören zu einer vollwertigen Ernährung keine Auszugsprodukte, insbesondere kein Auszugsmehl und kein raffinierter Zucker.

Süßungsmittel

- Zum Süßen verwende ich **überwiegend Honig**, am besten geeignet ist Akazienhonig oder ein milder Blütenhonig. Waldhonig ist wegen seines intensiven Geschmacks nur bei wenigen Rezepten verwendbar. Ich gehe sparsam mit Honig um und versuche stattdessen die Süße des Obstes oder der Sahne zu nutzen. Die Gerichte sind weniger süß als in der konventionellen Küche.
- Wenn Sie **Trockenobst** längere Zeit in Wasser einweichen, können Sie dieses Einweichwasser ebenfalls zum Süßen verwenden.

- Wer ganz auf tierische Produkte verzichten möchte, kann mit einem gewissen Verlust an Naturbelassenheit und Vollwertigkeit statt Honig **alternative Süßungsmittel** wie Sirup oder Obstdicksäfte verwenden.

Möglichst einheimisches und naturbelassenes Obst

- Einheimisches **Obst** verwende ich nur in der Jahreszeit, in der es bei uns reif ist. Erdbeeren zu Weihnachten sind für mich überflüssig und sie schmecken mir auch nicht, weil ihnen einfach die Sonne des Frühsommers fehlt. Im Winter verwende ich neben Lagerobst wie Äpfeln und Birnen oder tiefgefrorenem Obst auch gerne exotische Früchte.
- Es versteht sich von selbst, dass ich nur **unbehandeltes Obst** nehme, dies gilt insbesondere für Orangen und Zitronen, wenn die Schale im Gericht verwendet wird.
- Dass Obst gewaschen werden muss, dass Bananen oder Orangen geschält werden müssen, erwähne ich nicht in jedem Rezept. Äpfel und Birnen verwende ich, wenn möglich, **ungeschält**. Allerdings schäle ich das Obst, wenn es anschließend erhitzt wird und in Viertel oder Scheiben geschnitten wird. Denn wenn sich beim Kochen die Schale löst, stört es den Genuss beim Essen.

Fette und Öle

- Statt raffinierter **Fette und Öle** verwende ich ausschließlich Butter und kaltgepresste Öle.
- Zum Braten, beispielsweise von Pfannkuchen oder Waffeln, eignet sich besonders gut **Erdnussöl**.
- Auflauf- oder Puddingformen fette ich meist mit **Butter oder Margarine** ein.

- Wer keine tierischen Produkte verwenden möchte, kann statt Butter gegebenenfalls auf **Margarine aus ungehärteten Fetten** zurückgreifen.
- Die **Buttermenge** können Sie meist durch ein Drittel Öl und zwei Drittel Wasser oder nicht zu intensiv schmeckenden Obstsaft ersetzen.
- Wenn Sie keine **Sahne** verwenden wollen, können Sie diese bei den meisten Rezepten durch Tofucreme (Rezept siehe Seite 152) ersetzen. Natürlich ergibt das einen etwas anderen Geschmack und auch eine andere Konsistenz.

Frische Eier

- Ich habe mir lange überlegt, ob ich in diesem Buch Rezepte anführen soll, bei denen **rohe Eier** verwendet werden, die anschließend nicht gekocht oder gebacken werden, denn immer wieder liest man von Salmonellenerkrankungen. Bei einigen Cremes wollte ich aber doch nicht darauf verzichtet. Ich beachte dabei jedoch Folgendes: Ich verwende nur **sehr frische Eier** aus kontrolliert biologischer Freilandhaltung und wasche die Eier vorher ab. Dann bereite ich die Creme ganz kurz vor dem Verzehr zu und stelle sie bis dahin in den Kühlschrank.
- Bei den meisten Rezepten mit **rohen Eiern** können Sie aber bei Verwendung von **geschlagener Sahne** auch auf die Eier verzichten, falls Sie Bedenken haben oder gerade keine ganz frischen Eier zur Hand sind.

Gewürze nach Geschmack

- Bei den **Gewürzmengen** mache ich nur selten genaue Angaben, denn was bedeutet eine so exakte Angabe wie Prise oder Messerspitze? Wie spitz darf oder muss das Messer für eine Messerspitze sein, und wie weit geht die Spitze?

- Ich **würze zunächst vorsichtig** und probiere dann einfach – ist es zu wenig, gebe ich so lange noch etwas hinzu, bis ich zufrieden bin. Wenn von einem Gewürz besonders intensiv Gebrauch gemacht werden soll, weise ich besonders darauf hin.

- Wenn nicht anders angegeben, meine ich bei Gewürzen immer die **Pulverform**, entweder als fertiges Pulver gekauft oder im Mörser selbst hergestellt, auf andere Formen wird im jeweiligen Rezept extra hingewiesen.

Zum Binden

- Als **Binde- und Dickungsmittel** dienen vor allem Pfeilwurzelmehl, Johannisbrotkernmehl (u. a. unter dem Namen Bindobin erhältlich), fein gemahlenes Getreide, geriebene Nüsse oder Agar-Agar. Beachten Sie, dass Cremes und Ähnliches dadurch möglicherweise weniger fest werden als bei herkömmlichen Bindemitteln.

- **Pfeilwurzelmehl** wird meist kalt angerührt, dann in die erhitzte Flüssigkeit gerührt und ein bis zwei Minuten aufgekocht. Zehn Gramm (etwa ein Esslöffel) Pfeilwurzelmehl binden etwa 200 Milliliter Flüssigkeit. Wenn Sie bei einzelnen Rezepten ein anderes Bindemittel als das beschriebene verwenden, beachten Sie die Mengenangaben auf der jeweiligen Packung.

- Sehr selten kommt auch fertiges **Puddingpulver** oder **Speisestärke** (Mais- oder Kartoffelstärke) zum Einsatz. Achten Sie bei Puddingpulver und anderen fertigen Produkten auf die Inhaltsstoffe und verwenden Sie möglichst keine Produkte mit künstlichen Konservierungsmitteln, Farbstoffen oder Aromastoffen. Statt Puddingpulver können Sie auch eine entsprechende Menge Mais- oder Kartoffelstärke verwenden (ein Päckchen Puddingpulver enthält meist 40 Gramm Stärke) und als Gewürz für einen Vanillepudding gemahlene Vanille oder für einen Mandelpudding einige Tropfen Bittermandelöl nehmen.

- Die genannten **Bindemittel** und entsprechende Produkte ohne Zusatzstoffe erhalten Sie im Naturkostladen oder Reformhaus.

Süße Blicke über Grenzen

International, eigenwillig und herrlich lecker – so kann man das erste Kapitel wohl am besten beschreiben.

Der Blick über den Zaun, über unsere Landesgrenzen hinweg, lohnt sich beim Kochen immer.

Mit den folgenden Desserts können Sie auch Skeptiker der internationalen Küche überzeugen. Dies gilt auch für manche etwas eigenwillige Kombination, die vielleicht den einen oder anderen überraschen wird. Aber gerade solche Rezepte sind das Salz in der Suppe. Einfach ausprobieren und genießen.

Einfach raffiniert und raffiniert einfach ist das folgende Produkt der russischen Küche.

Russische Paßscha

500 g Quark	mit
3 Eiern	und
100 g Butter	schaumig rühren.
200 g saure Sahne	zugeben und erwärmen, bis sich Blasen bilden.
3 – 4 EL Honig	dazugeben und unter Rühren abkühlen lassen.
125 g geriebene Mandeln	und
Vanille	unterrühren und kühl stellen.

Tipp: Geben Sie noch 50 Gramm Rosinen oder klein geschnittene Datteln und Feigen dazu, auch etwas Orangeat und Zitronat ist empfehlenswert.

Tipp: Safran färbt die Paßscha herrlich gelb und verfeinert den Geschmack zusätzlich. Probieren Sie es doch auch einmal mit Zimt.

Eier satt ist hier die Devise.

Eier-Zimt-Creme italienisch

1 l Milch	mit
etwas Salz,	
abgeriebener Schale	
einer halben Zitrone	und
Zimt	aufkochen und bei sehr niedriger Temperatur 15 bis 20 Minuten simmern lassen. Wenn sich dabei eine Haut gebildet hat, diese entfernen und die Milch abkühlen lassen.
2 Eier	und
4 Eigelb	mit
2 EL Dinkelmehl	verquirlen, mit
Muskat	und
Zimt	würzen. Die Milch zur Eiercreme geben, die Mischung durch ein Sieb streichen und in einer gefetteten Kastenform bei 150 °C 40 bis 50 Minuten backen, eine Stunde abkühlen lassen, dann mit Alufolie abdecken und mindestens vier Stunden in den Kühlschrank stellen, kalt servieren.

Tipp: Die vier Eiweiße sollten Sie natürlich nicht wegwerfen, sondern in einem andern Gericht verwenden.

Tipp: Beim Garen unterscheidet man zwischen sprudelnd Kochen und Simmern. Beim sprudelnd Kochen entweicht der Wasserdampf in Blasen, wobei das Gargut durchmischt wird, wie beim Kochen von Nudeln. Beim Simmern wird nur wenig Hitze zugeführt, so dass keine Dampfblasen entstehen und das Gargut schonend behandelt wird.

Wenn Sie meine anderen Kochbücher schon kennen, wissen Sie, dass mich die indische Küche ganz besonders fasziniert, und dies gilt in hohem Maße auch für Süßspeisen. Ich finde, die folgenden Rezepte sprechen für sich und die indische Küche.

Zimt-Kardamom-Reis

3 EL Honig	erwärmen,
1 l Milch	zugießen und
2 EL Rosinen,	
2 – 3 Stück Zimtrinde,	
5 Kardamomkapseln	und
3 Nelken	dazugeben, aufkochen und 15 Minuten köcheln lassen, dann
150 g Reis	dazugeben, 20 bis 30 Minuten weich kochen und quellen lassen. Gewürze herausnehmen, kühl stellen und gekühlt servieren.

Tipp: Statt Milch können Sie natürlich auch Apfelsaft oder einen anderen Saft verwenden, eine rote Farbe bekommt der Reis durch Kirschsaft oder roten Traubensaft.

Möhren als Dessert? Indien macht es möglich und wir genießen es.

Indisches Möhrendessert

600 g Möhren	fein reiben oder in etwas Milch pürieren.
750 ml Milch	in einem hohen Topf erhitzen, Möhrenpüree einfüllen und unter Rühren 30 Minuten köcheln lassen. Nach 20 Minuten
40 g Butter, Kardamom, etwas Safran,	
40 g Rosinen	und
50 g Honig	dazugeben und zehn Minuten mitkochen lassen. Nochmals
20 g Butter	einrühren. Dessert in eine Schale geben, mit
50 g gehackten Mandeln	bestreuen. Heiß oder kalt servieren.

Tipp: Statt der Möhren eignet sich auch Kürbis und natürlich Süßkartoffeln, wobei ich hier aber nur 30 Gramm Honig nehmen würde.

Ingwer ist ein tolles Gewürz, besonders gerne verwende ich frischen Ingwer, entweder klein gehackt oder gerieben, alternativ kann man auch das Pulver verwenden. Das folgende Rezept enthält rohe Eier, achten Sie bei den Eiern daher ganz besonders auf Frische.

Ingwercreme

500 g Quark	mit
4 – 6 EL Milch	cremig rühren,
2 – 3 EL flüssigen Honig	und
4 EL Orangensaft	unterrühren.
2 – 3 cm Ingwerwurzel	fein reiben,
4 Eiweiß	steif schlagen und zusammen mit dem Ingwer vorsichtig unterheben, in Portionsschälchen füllen, mindestens eine Stunde kühl stellen.

Tipp: Wenn Sie auf rohe Eier oder überhaupt auf Eier verzichten wollen, können Sie diese durch zwei Esslöffel Guarkernmehl oder zwei bis drei Gramm Johannisbrotkernmehl (beispielsweise Bindobin) ersetzen und vor dem Servieren noch 100 Gramm geschlagene Sahne oder Tofucreme (Rezept siehe Seite 152) einrühren.

Joghurt wird in der indischen Küche häufig verwendet, hier ein Beispiel aus dem Backofen.

Joghurt gebacken

60 g Reis	fein mahlen,
150 ml Sahne	steif schlagen, beides mit
750 g Joghurt,	
1 – 2 EL Honig,	
1 EL Sirup	und
Safran	mischen, in eine gefettete, flache Form geben und bei 160 °C 45 bis 50 Minuten backen. Aus den Ofen nehmen und abkühlen lassen.

Tipp: Pürierte Mango oder mit Obstsaft pürierte Feigen oder Datteln können hier für Abwechslung sorgen, wenn Sie diese mitbacken. Natürlich können Sie das Püree auch zum fertigen Dessert servieren.

Fenchel in einer Süßspeise, das ist fast so verrückt wie Kümmel in einem süßen Kuchen. Aber beides schmeckt, vielleicht etwas ungewohnt, aber es schmeckt. Sie glauben es nicht? Da hilft nur Probieren.

Fenchel-Joghurt-Pudding

30 g Kichererbsen	fein mahlen, mit
500 g Joghurt,	
100 ml Sahne	und
1 Ei	verquirlen und alles zehn Minuten quellen lassen.
1 TL Fenchelsamen	in der Pfanne ohne Fett leicht anrösten, anschließend nicht ganz fein mahlen.
2 EL Honig	in einem Topf erhitzen, den gemahlenen Fenchel kurz darin schwenken, die Joghurt-Sahne-Mischung dazugeben und unter ständigem Rühren aufkochen, mit
1 Prise Safran	färben und würzen.
1 Banane	in dünne Scheiben schneiden und in vier Dessertschalen verteilen, die Joghurtmischung darübergießen und erkalten lassen.

Tipp: Statt Kichererbsen eignen sich rote Linsen. Und probieren Sie ruhig auch einmal etwas mehr Fenchel. Wenn man die Banane mit der Gabel zerdrückt und unter die Joghurtcreme zieht, braucht man zum Süßen nur einen Esslöffel Honig.

Eigentlich finde ich ja immer auch interessante Gerichte in der oft geschmähten englischen Küche. Diesmal bin ich in der irischen Küche fündig geworden: Ihr verdanke ich die Anregung zu einem warm-kalten Dessert.

Warmer Apfelkuchen

180 g Butter	mit
100 g Honig	schaumig rühren, nach und nach
3 Eier	einrühren.
400 – 500 g Äpfel	schälen, halbieren und entkernen, dann in feine Schnitze schneiden und sofort in den Teig geben.
220 g Weizen	fein mahlen, mit
2 TL Backpulver	und
abgeriebener Schale von einer Zitrone	und
etwas Salz	mischen. Mehlmischung vorsichtig unter die Buttermischung heben. Wenn der Teig zu fest ist, noch
1 EL Apfelsaft	dazugeben. Eine Springform mit 26 Zentimetern Durchmesser einfetten und den Teig einfüllen. Bei 220 °C etwa 35 Minuten backen. Etwas abkühlen lassen.

Tipp: Warm bis lauwarm mit Eis, zum Beispiel Nussparfait (Rezept siehe Seite 77) oder Koulfi (Rezept siehe Seite 78), servieren und genießen.

Mohn satt, könnte man das nächste Rezept nennen, aber für Mohnfans genau das Richtige.

Mohnpielen

200 g Mohn	mahlen und in eine Schüssel geben.
400 ml Milch	mit
etwas Salz	erhitzen,
2 – 3 EL Honig	hineinrühren. Die Hälfte der Honigmilch über den gemahlenen Mohn gießen, dann
50 g Rosinen	und
40 g gehackte Mandeln	unterrühren und abkühlen lassen.
10 Vollkornzwiebäcke	zerbröseln und den Rest der Honigmilch darübergießen, quellen lassen. In vier Glasschüsselchen abwechselnd Mohn- und Zwiebackmasse füllen und mit
100 g geschlagener Sahne	servieren.

Tipp: Wem es dann doch zu viel des Mohnes ist, halbiert die Mohnmenge und gibt dafür 100 Gramm gemahlene Mandeln dazu.

Hier ein ganz besonderes Rezept, das nur einen klitzekleinen Nachteil hat: Es kostet viel Zeit und macht Arbeit, sonst könnte man sich daran gewöhnen.

Kastanienpüree

1 kg Esskastanien	auf der spitzen Seite kreuzweise einschneiden, im Backofen gut 20 Minuten erhitzen, bis sich die Schale entfernen lässt. Ohne Schale in kochendes Wasser legen, bis sich auch die innere Haut entfernen lässt. Dann in
500 ml Milch	mit
1 – 2 EL Honig	und
Vanille	aufkochen lassen und 20 Minuten weich kochen, anschließend das Ganze pürieren.
150 ml Sahne	steif schlagen und unterheben oder getrennt dazu servieren.

Tipp: Mir schmecken die gebackenen Maronen auch direkt aus dem Ofen oder vom Rost, ganz besonders zur Weihnachtszeit.

Tipp: Schneller geht es, wenn Sie bereits vorbereitete Maronen kaufen.

Das nächste Gericht kann man so herstellen, wie beschrieben. Es hat aber auch einen weiteren Vorteil: Es kann mitunter die Hausfrau oder den Hausmann retten.
Stellen Sie sich vor, Sie wollen eine Biskuitrolle machen, und da passiert, was noch nie passiert ist und was gerade heute – wo Sie Ihre beste Freundin oder Ihre zukünftige Schwiegermutter erwarten – nicht passieren dürfte. Der Biskuitboden bricht beim Ein- oder Ausrollen. Etwas anderes ist nicht im Hause, was tun?
Dann machen Sie mit dem Biskuit eben ein Trifle, was Sie natürlich schon immer geplant hatten, wenn man Sie danach fragt.
»Trifle« – der Begriff sagt ihnen nichts? Nun er kommt aus der englischen Küche und bezeichnet eine Süßspeise, die aus zwei oder mehr Schichten besteht und in der ein Biskuit oder ein Sandkuchen integriert ist.

Obst-Trifle

175 g Weizen	fein mahlen und mit
1 TL Backpulver	mischen.
4 Eigelb	mit
125 g flüssigem Honig	und
4 EL Wasser	schaumig rühren. Mehlmischung und
Vanille	in die Eiercreme rühren.
4 Eiweiß	steif schlagen und vorsichtig unterheben. Teig auf ein gut gefettetes oder mit Backpapier belegtes Blech gut einen Zentimeter dick streichen und

	bei 180 bis 200 °C etwa 20 Minuten backen. Abkühlen lassen.
2 Eier, 1 Eigelb, 125 ml weißen Traubensaft	und
1 EL Zitronensaft	im heißen Wasserbad verrühren, bis eine dickflüssige Masse entsteht. Biskuitboden in kleine Würfel schneiden, ebenso
500 g Obst der Jahreszeit.	Die Biskuitwürfel mit dem Obst bedecken, die Creme darübergeben und mit
Pistazien	garnieren.

Tipp: Wer Eier nur verwenden will, wenn das Gericht wirklich gekocht oder gebacken wird, kann die Creme auch aus Saft und Dickungsmittel wie Pfeilwurzelmehl herstellen.

Tipp: Farblich interessanter wird es mit Kirschsaft statt Traubensaft. Geschmacklich noch intensiver wird der Biskuit, wenn Sie 50 Gramm des Weizenmehls durch fein gemahlene Mandeln ersetzen.

Ebenfalls ein Biskuitboden ist die Grundlage für mein Tiramisu, allerdings ersetze ich dabei einen Teil des Mehls durch gemahlene Nüsse.

Nusstiramisu mit Früchten

4 Eier	trennen, Eiweiß mit
etwas Salz	steif schlagen, die Eigelbe mit
4 EL Wasser,	
100 g Honig	und
Vanille	zu einer dicken Creme schlagen.
100 g Weizen	und
100 g Haselnüsse	fein mahlen, mit
1 TL Backpulver	mischen, langsam in die Creme einarbeiten, Eischnee vorsichtig unterheben. Backblech mit Trennpapier auslegen, Masse darauf verstreichen. Die Teigplatte sollte doppelt so groß wie die später verwendete Auflaufform sein. Backofen vorheizen, bei 225 °C etwa zehn Minuten backen. Dann Biskuitplatte sofort auf ein Handtuch stürzen, Papier abziehen.
100 g Walnüsse	grob hacken.
1 Banane	und
2 Kakis	pürieren.
500 g Mascarpone	und

200 g Magerquark	mit der Gabel verrühren, dann mit den Nüssen und dem Obstmus mischen. Biskuitplatte halbieren, eine Hälfte in eine Auflaufform legen, mit
2 – 3 EL kaltem, sehr starkem Getreidekaffee	tränken, dann die Hälfte der Creme darübergeben, den Vorgang mit der zweiten Hälfte der Biskuitplatte und der restlichen Creme wiederholen, mit gesiebtem
Carobpulver	bestreuen und kühl stellen.

Tipp: Wenn Ihnen die Creme zu viel Fett enthält, nehmen Sie einfach mehr Quark und weniger Mascarpone.

Tipp: Leichter geht es, wenn Sie Quark und Mascarpone im Mixer pürieren, allerdings kann dann die Konsistenz etwas zu flüssig werden.

Tipp: Mango, Erdbeeren oder Himbeeren statt Kaki passen auch sehr gut. Zur Weihnachtszeit geben Sie noch Lebkuchengewürz dazu und als Obst pürieren Sie eingeweichte Feigen, Datteln oder Aprikosen.

Besonders dekorativ sind die Schwänchen aus Brandteig und eigentlich gar nicht besonders schwierig herzustellen.

Brandteigschwänchen

250 ml Wasser	mit
70 g Butter	aufkochen.
150 g Weizen	fein mahlen und auf einmal in das Wasser schütten, rasch verrühren, bis sich ein Kloß gebildet hat. Den Topf auf der Herdplatte lassen und so lange weiterrühren, bis der Topfboden mit einer dünnen Teigschicht überzogen ist. Von der Herdplatte nehmen und ein wenig abkühlen lassen. Dann
3 Eier	einzeln einrühren. Erst, wenn man vom vorigen Ei nichts mehr erkennen kann, darf das nächste eingerührt werden. Der Teig muss stark glänzen und schwer reißend vom Löffel fallen. Zum Schluss noch
1 TL Backpulver	einrühren. Teig in einen Spritzbeutel füllen. Aus etwa drei Vierteln der Masse mit einer großen Tülle etwa sechs Zentimeter lange Häufchen auf ein gefettetes, leicht bemehltes Blech spritzen. Mit einer dünnen Tülle aus dem Rest des Teiges Schwanenhälse in S-Form auf das Blech spritzen. Backofen auf 250 °C erhitzen, bei dieser Temperatur fünf Minuten backen, den Ofen auf 200 °C herunterschalten und noch einmal 25 bis 30 Minuten backen.

Von den Häufchen in Höhe von etwa zwei Zentimetern einen Deckel abschneiden. Die Deckel längs halbieren und das Gebäck auskühlen lassen. Dann

250 ml Sahne — sehr steif schlagen,

2 Bananen — mit dem

Saft einer halben Zitrone — pürieren und unter die Sahne rühren. Die aufgeschnittenen Böden mit Bananencreme füllen. Die Schwanenhälse in die Füllung stecken. Die Deckelhälften als Flügel ebenfalls. Sofort servieren.

Tipp: Bitte Blech **nur in den vorgeheizten** Backofen geben und den Backofen auf keinen Fall zwischendurch öffnen. Bitte nicht mit Umluft, sondern nur mit Ober- und Unterhitze backen.

Tipp: Wenn es schneller gehen soll, verzichten Sie auf die hübsche Form und setzen Sie mit einem Löffel Häufchen auf das Blech. Nach dem Backen schneiden Sie die Windbeutel auf und füllen sie mit der Creme.

Zwieback schmeckt immer und kann für Puddings, Aufläufe und viele andere Süßspeisen als Grundlage verwendet werden. Hier einmal ein Rezept, das ohne Weizen oder Dinkel auskommt, obwohl Sie diese Getreidearten statt des Hafers natürlich auch verwenden können.

Hafer-Mandel-Zwieback

4 Eier	mit
120 g Honig	in gut fünf Minuten schaumig rühren.
200 g Mandeln	fein mahlen, ebenso
200 g Hafer.	Zuerst die Mandeln, dann den Hafer in die Schaummasse geben und unterheben. In eine gefettete Kastenform füllen. Bei 180 °C etwa eine Stunde backen. Aus der Form nehmen, etwas abkühlen lassen. Dann in einen Zentimeter dicke Scheiben schneiden, auf ein ungefettetes Backblech legen und bei 150 °C nochmals 30 Minuten rösten.

Tipp: Herrlich schmeckt der Zwieback noch warm mit Butter bestrichen.

Hier gleich ein Beispiel für ein Zwiebackdessert.

Joghurt mit Zwieback

Zwieback	wie nebenstehend beschrieben herstellen.
1 Mandarine	in Spalten teilen.
1 Apfel	und
1 Banane	in kleine Scheiben schneiden. Obst mit
Zitronensaft	beträufeln.
60 g Zwieback	zwischen zwei Blättern Backpapier mit dem Nudelholz zu Bröseln zerdrücken und mit etwas
Ingwer	über das Obst streuen.
500 g Joghurt	mit
1 EL Honig	und
Vanille	schaumig rühren und über die Obst-Brösel-Mischung gießen. 30 Minuten im Kühlschrank kalt stellen und dann servieren.

Tipp: Sie können den Zwieback natürlich auch kaufen. Dabei sollten Sie auf die Deklaration der Inhaltsstoffe achten, um sicherzugehen, dass das Produkt ausschließlich mit Vollkornmehl hergestellt ist. Oft ist ein wesentlicher Bestandteil Auszugsmehl, und es wird nur der Eindruck eines Vollkornproduktes erweckt.

Obst in Gesellschaft

Obst allein ist eigentlich schon ein Dessert für sich und vollwertiger geht es eigentlich auch nicht mehr.

Doch wie schon Henry Ford in einem ganz anderen Zusammenhang sagte, es gibt nichts, das man nicht noch besser machen könnte.

Steigern wir also den Genuss, indem wir das Obst – Äpfel, Birnen, Melonen, Pfirsiche und vieles mehr – mit anderen Zutaten mischen und verarbeiten, mal roh, mal gekocht und mal gebacken.

Wie toll das Obst dann schmecken kann, zeigen Ihnen die folgenden Rezepte.

Lassen Sie mich dieses Kapitel mit Rhabarber beginnen. Obwohl Rhabarber streng genommen kein Obst ist, lässt er sich trotzdem genauso verwenden. Ich freue mich im Frühjahr schon darauf, dass es endlich wieder Rhabarber gibt, denn damit beginnt für mich die Zeit der Frische und des Schwelgens in einheimischem Obst.

Frisches Rhabarberkompott

300 – 400 g Rhabarber	schälen und in ein bis zwei Zentimeter große Stücke schneiden.
2 Bananen 1 – 2 EL Zitronensaft	in Stücke schneiden, beides mit pürieren. Sofort servieren.

Tipp: Geben Sie noch ein bis zwei geschälte und entkernte Äpfel oder Birnen oder beim Pürieren noch 100 bis 200 Milliliter Sahne dazu.

Tipp: Rhabarber gibt es nur im Frühsommer, das Rezept können Sie jedoch das ganze Jahr verwenden. Ersetzen Sie dann den Rhabarber einfach durch Pfirsiche, Pflaumen, Mangos oder Kakis.

Grün ist die Hoffnung und grün ist die Farbe der nächsten Grütze. Hoffen wir also, dass es nicht nur Ihnen, sondern auch Ihren Gästen schmeckt.
Bei diesem Grützerezept schlage ich Ihnen als Bindemittel Agar-Agar vor, das Sie im Naturkostladen oder Reformhaus erhalten. Sie können aber auch Pfeilwurzelmehl wie bei der Roten Grütze (Rezept siehe Seite 63) verwenden.

Stachelbeergrütze

200 g Kiwi	klein würfeln und mit
300 g Stachelbeeren	in
250 ml weißem Traubensaft	aufkochen,
1 Stück Zimtstange	dazugeben und das Obst weich dünsten. Nochmals aufkochen,
2 – 3 EL Honig	einrühren und mit
Vanille	abschmecken, die Zimtstange herausnehmen.
1 TL Agar-Agar	in
wenig Wasser oder Saft	klumpenfrei anrühren und in die heiße Flüssigkeit geben. Alles gut verrühren und kalt stellen.

Tipp: Probieren Sie doch einmal statt Kiwi Rhabarber, allerdings sollten Sie dann eventuell noch einen Esslöffel mehr Honig nehmen.

Bei jedem Obstsalat kommt es entscheidend darauf an, dass die Obststücke nicht zu groß sind, denn dann schmeckt er nicht.

Melonen-Pfirsich-Salat

250 g Wassermelone	und
250 g Honigmelone	von den Kernen befreien und in kleine Stücke schneiden.
3 – 4 Pfirsiche	in Stücke schneiden. Melonen- und Pfirsichstücke mischen.
100 g rote Johannisbeeren	dazugeben, mit
1 EL Zitronensaft, 100 ml weißem Traubensaft	und
50 g klein gehackten Walnüssen	gut durchmischen und etwa 30 Minuten kühl stellen. Dann mit Schlagsahne oder Tofucreme (Rezept siehe Seite 152) servieren.

Tipp: Gut machen sich auch Bananenscheiben oder Himbeeren statt der Johannisbeeren.

Tipp: Die Walnüsse können durch geröstete Erd- oder Haselnüsse ebenso ersetzt werden wie durch Cashewnüsse.

Tipp: Statt Zitronen- und Traubensaft können Sie auch frisch gepressten Orangensaft oder leicht gesüßten Sanddornsaft verwenden.

Wenn Sie richtig schöne, in der warmen Sonne gereifte, rote und saftige Erdbeeren mit viel Geschmack haben, am besten aus dem eigenen Garten, dann können Sie den Genuss mit folgendem Rezept noch steigern. Viel, viel Sonne gehört unbedingt dazu.

Erdbeerigel

100 g Erdbeeren	mit
2 EL Orangensaft	und
2 EL Honig	pürieren und eine Stunde im Kühlschrank aufbewahren. In der Zwischenzeit
250 g Erdbeeren	mit
50 g Mandelstiften	spicken und auf Tellern anrichten. Die Erdbeermasse vorsichtig über die Erdbeerigel gießen

Tipp: Mit Schlagsahne oder Tofucreme (Rezept siehe Seite 152) garnieren, vielleicht noch mit Safran gefärbt.

Tipp: Zu Erdbeeren passt natürlich immer auch Eis, am besten Vanille- oder Nusseis.

Melonen sind überaus erfrischend, manchmal empfinde ich sie aber etwas langweilig im Geschmack. Dem kann man aber ganz einfach mit Sesam abhelfen. Gefällt Ihnen die Schreibweise des nächsten Gerichtes auch so gut wie mir?

Sesammelone

3 EL Sesamsamen	und
2 EL Buchweizenkörner	in der Pfanne ohne Fett erhitzen, bis die Samen zu hüpfen beginnen, dann
1 – 2 EL Honig	dazugeben, gut verrühren und vom Herd nehmen.
½ Zitrone	und
1 Orange	auspressen und den Saft unter den Honigsesam rühren.
½ kleine Honigmelone	in kleine Würfel schneiden, Obst mit Honigsesam durchmischen und servieren.

Tipp: Statt Melone können Sie auch fast jedes andere Obst verwenden; besonders gut eignen sich Äpfel, Birnen oder Bananen.

Wie taufe ich ein Gericht? Diese Frage stelle ich mir öfter. Soll ich einen Fantasienamen wählen, unter dem man sich zwar nichts vorstellen kann, der aber durchaus plakativ wirkt oder soll ich dem Leser schon im Namen zeigen, um was es geht? Meist entscheide ich mich für Letzteres.

Gebackene Äpfel

4 Äpfel	schälen, Kerngehäuse ausstechen, in
250 ml Wasser,	dem
Saft von einer Zitrone,	
2 EL Honig	und
Zimt	zwei bis drei Minuten andünsten, danach die Äpfel in eine feuerfeste Form geben.
100 g Butter	und
50 g Honig	schaumig schlagen, dann
4 EL grob gehackte Haselnüsse,	
1 EL Mehl	und
2 EL Milch	einrühren, die Masse über die Äpfel gießen, bei 200 °C etwa zehn Minuten backen.

Tipp: Dazu schmeckt natürlich Vanillesoße (Rezept siehe Seite 150) oder -eis.

Tipp: Die Zitronen-Honig-Flüssigkeit können Sie als Grundlage für eine Soße verwenden.

Bratäpfel kennt ein jeder, sie sind im Winter eine besondere Köstlichkeit – aber Birnen stehen ihnen auch in dieser Hinsicht keinesfalls nach, wie das folgende Gericht zeigt.

Gebratene Birnen

4 Birnen	schälen und die Kerngehäuse ausstechen.
60 g Walnusskerne	grob hacken und in einer Mischung aus
2 – 3 EL Honig,	
1 EL Zitronensaft	und
Ingwer	wälzen und die Birnen damit füllen. Feuerfeste Form einfetten, Birnen hineinsetzen, Form abdecken und 40 Minuten bei 180 °C braten.

Tipp: Interessant finde ich auch die Füllung mit einer Mischung aus Kokosflocken und gehackten Mandeln, als Gewürz eignet sich Zimt oder eine Lebkuchengewürzmischung.

Im Juni blüht der Holunder, den Sie für ein ganz besonderes Dessert nutzen können. Pflücken Sie einige schöne, weiße, voll erblühte Dolden, möglichst nicht direkt an einer viel befahrenen Straße, und laden Sie Freunde ein. Servieren Sie ihnen:

Holunderblütenküchle

150 g Weizen	und
75 g Buchweizen	fein mahlen.
250 ml Milch,	
125 ml Mineralwasser,	
2 Eier	und
2 EL Honig	mischen. Mehl hinzufügen,
abgeriebene Schale	
einer halben Zitrone	und
etwas Salz	unterrühren. Teig 15 bis 30 Minuten quellen lassen. Wenn der Teig zu fest ist, gegebenenfalls etwas Milch dazugeben.
12 Holunderblütendolden	sehr vorsichtig waschen, mit dem Stiel in den Teig tauchen, in
Öl	ausbacken. Vor dem Servieren den Stiel ganz knapp über den Küchle abschneiden.

Tipp: Statt Holunderblüten können Sie auch Apfelscheiben ohne Kerngehäuse im gleichen Teig ausbacken.

Das folgende Rezept können Sie mit Rund- oder Langkornreis zubereiten, beides schmeckt gut.

Orangenreis

150 g Reis	in
100 g Butter	unter Rühren kurz anrösten,
500 ml Wasser	und
etwas Salz	dazugeben, aufkochen lassen und den Reis weich kochen.
1 große Orange	schälen und würfeln,
50 g Mandeln	grob hacken und mit der Orange und
100 g Rosinen	in den fast fertigen Reis geben, noch fünf Minuten quellen lassen, dann mit
50 g Honig	und
1 – 2 Messerspitzen Safran	würzen und färben. Heiß oder kalt servieren.

Tipp: Statt Butter können Sie den Reis auch in Öl, am besten in Erdnussöl anrösten.

Tipp: Kochen Sie den Reis in Milch auf, geben Sie etwas Honig dazu und vielleicht etwas Zimt, und servieren Sie den Milchreis mit einem frischen Obstsalat. Dies war einer der Donnerstagsrenner in der »Salatschüssel«, dem Vollwertrestaurant, das ich einige Jahre betrieben habe.

Natürlich dürfen meine Lieblingsbeeren, die Träuble nicht fehlen, deren Reifezeit ich fast nicht erwarten kann: Denn obwohl man sie auch gut einfrieren kann, geht doch nichts über frische Johannisbeeren.

Träublesreis

120 g Rundkornreis	mit
etwas Salz	in
500 ml Wasser	erhitzen und in etwa 30 Minuten weich kochen. Den gegarten Reis in ein Sieb geben und mit kaltem Wasser abschrecken.
60 – 80 g Honig	und
Vanille	auf den noch warmen Reis geben und gut vermischen.
400 g rote Träuble (Johannisbeeren)	mit
frisch geriebenem Ingwer	bestreuen und zum Reis geben.
250 ml Sahne	steif schlagen und mit dem Reis und den Johannisbeeren mischen. Kalt servieren.

Tipp: Auch hier kann man die Sahne durch Tofu ersetzen, den man mit etwas Obstsaft püriert hat (Rezept siehe Seite 152).

So schmeckt das Müsli wohl jedem. Auch wenn es als Frühstück vielleicht zu aufwendig ist, als Dessert ist es kaum zu übertreffen.

Knuspermüsli

100 g Hafer	grob schroten oder zu Flocken quetschen, mit
50 g Buchweizenkörnern	und
50 g Sonnenblumen-kernen	in der Pfanne ohne Fett anrösten, bis das Getreide anfängt zu duften, dann
2 – 3 EL Honig	dazugeben und so lange verrühren, bis alle Flocken, Körner und Kerne einen Honigüberzug haben, abkühlen lassen.
Obst der Jahreszeit	klein schneiden, Menge nach Geschmack.
125 ml Sahne	steif schlagen und alles mischen.

Tipp: Geben Sie noch Zimt oder Vanille zur Sahne.

Tipp: Nehmen Sie nur zwei Esslöffel Honig und zusätzlich einen Esslöffel gesüßten Sanddornsaft.

Auch mit frischem Korn schmeckt es vorzüglich. Am Wochenende sieht so unser Frühstück aus (am Abend vorher einweichen!), Sie können es aber ebenso als Dessert verwenden.

Frischkorndessert

100 g Roggen	und
100 g Weizen	grob schroten, in so viel
Wasser	einweichen, dass der Getreideschrot gerade bedeckt ist und das Wasser am Ende der Einweichzeit von fünf bis sieben Stunden aufgesogen ist. Danach
1 Banane	mit der Gabel zerdrücken oder pürieren.
1 Apfel	fein reiben, beides unter den eingeweichten Getreideschrot rühren.
400 – 500 g Obst der Jahreszeit	klein schneiden.
100 ml Sahne	steif schlagen. Mit dem Obst und
50 g gehackten Nüssen oder Sonnenblumenkernen	unter den Getreideschrot heben, dabei mit
Zimt	und
Vanille	würzen.

Tipp: Herrlich färbt Safran die Sahne.

Tipp: Wenn es mal schnell gehen soll, können Sie die Sahne auch flüssig verwenden, auch Joghurt, Crème fraîche oder saure Sahne eignen sich.

Tipp: Wenn Sie kein tierisches Eiweiß verwenden möchten, nehmen Sie statt Sahne einfach mit Obstsaft pürierten Tofu (Rezept siehe Seite 152).

In meinem Vollwertlokal war eigentlich immer eine ganz gute Nachfrage nach Suppen, nur um eine Sorte haben meine Gäste immer einen großen Bogen gemacht: um Brotsuppen aller Art. Brotsuppe klang in ihren Ohren immer nach einem Arme-Leute-Essen. Doch lassen Sie sich von diesem Vorurteil nicht irritieren, versuchen Sie einmal die

Süße Brotsuppe

150 g trockenes Vollkornbrot	und
2 – 3 Äpfel	klein schneiden.
500 ml Wasser	mit
500 ml Apfelsaft	aufkochen, Vollkornbrot und Äpfel sowie
30 g Rosinen	und
1 – 2 EL Honig	dazugeben, mit
Zimt	und
Nelke	würzen.
	Fünf Minuten ziehen lassen.
	Warm servieren.

Tipp: Nach Wunsch eventuell mit geschlagener Sahne garnieren.

Tipp: Versuchen Sie statt Apfel- roten Traubensaft und dazu klein geschnittenen Pfirsich oder Melone.

Tipp: Wer gerne experimentiert, kann zwei der Äpfel auch einmal durch 300 Gramm Hokkaidokürbis ersetzen und nur einen Apfel verwenden.

Wer mag, kann die Buttermilchsuppe, wie bei anderen Suppen üblich, auch als Vorspeise essen, dann sollte sie keinesfalls zu süß sein. Aber natürlich können Sie die Suppe auch als Dessert reichen.

Buttermilchsuppe

100 g getrocknete Zwetschgen	über Nacht in etwas Wasser einweichen, im Einweichwasser kurz aufkochen.
1 l Buttermilch	mit
1 – 2 EL Pfeilwurzelmehl	verrühren und unter Rühren aufkochen. Etwas
Salz	und
abgeriebene Zitronenschale	dazugeben, fünf Minuten köcheln lassen.
2 – 3 EL Einweichwasser	zum Süßen dazugeben, mit dem
Saft einer halben Zitrone	abschmecken. Dann das abgetropfte Obst zugeben und servieren.

Tipp: Sie haben von der Weihnachtsbäckerei noch getrocknete Aprikosen, Datteln oder Mandeln übrig? Auch die passen vorzüglich.

Wenn im Herbst die Äpfel im Garten alle auf einmal reif werden, ist die Zeit für Apfelmus gekommen. Probieren Sie einmal die folgende Variante mit Tofu.

Apfelmus-Tofu

1 kg Äpfel	schälen, entkernen und achteln. Mit
3 – 4 EL Apfelsaft	aufkochen und zugedeckt weich kochen. Die Äpfel anschließend mit
200 g Tofu	pürieren.

Tipp: Probieren Sie auch einmal Birnen oder Birnensaft.

Tipp: Besonders fruchtig ist das Mus, wenn Sie die gekochten Äpfel ohne Tofu pürieren. Das Mus im Schraubglas aufbewahren.

Tipp: Sie können den Geschmack mit Zimt und Ingwer verfeinern.

Wenn es mal ganz schnell gehen soll und Ihre Gäste nicht genug bekommen können, dann servieren Sie

Mangoschaum

1 reife Mango	schälen und entkernen,
	mit
150 g Quark	und
150 g Mascarpone	mixen und kalt stellen.

Tipp: Würzen Sie den Mangoschaum mit Ingwer, Zimt oder Vanille, zur Weihnachtszeit lässt sich zusätzlich mit Anis, Nelke, Koriander und Kardamom der typische Weihnachtsgeschmack erreichen.

Tipp: Der Mangoschaum eignet sich auch sehr gut zur Füllung von Windbeuteln. Bei meiner letzten Geburtstagsfeier hat meine Frau sämtliche für mich beiseite gestellten Reserven auf den Tisch gebracht, weil die Gäste so begeistert waren.

Orangen harmonieren besonders gut mit Tofu: Saft und ganze Fruchtspalten sind Bestandteile dieser Creme.

Tofu-Orangen-Creme

300 ml Orangensaft	mit
2 EL Rübensirup	und
200 g Tofu	im Mixer cremig schlagen. Mit
1 EL Pfeilwurzelmehl	in einen Topf geben und unter Rühren erhitzen, bis die Soße einzudicken beginnt. In vier Portionsschälchen oder einer größeren Dessertschale erkalten lassen.
1 Orange	schälen und die Creme mit den Orangenspalten garnieren.

Tipp: Interessant ist die Variante mit Blutorangen oder auch mit Mandarinen oder Clementinen.

Birnen werden oft unterschätzt, was eigentlich sehr schade ist, denn es gibt so viele verschiedene und wohlschmeckende Sorten. Häufig kann man sie auch statt Äpfeln verwenden, das folgende Rezept ist allerdings ganz auf die Birnen abgestimmt.

Birne »Gute Luise«

250 ml Wasser	mit
2 TL Agar-Agar	und
2 – 3 EL Carobpulver	verrühren und aufkochen, sofort von der Platte nehmen, etwas abkühlen lassen.
50 g Honig	und
200 g geschlagene Sahne	unterrühren.
4 Birnen	halbieren, Kerngehäuse ausschneiden, in Portionsschälchen legen und mit der Creme übergießen. Mit
20 g gehackten Mandeln	bestreuen und kühl stellen.

Tipp: Statt Agar-Agar können Sie auch andere pflanzliche Binde- oder Dickungsmittel wie Johannisbrotkernmehl (beispielsweise Bindobin) oder Pfeilwurzelmehl verwenden.

Tipp: Heben Sie anstelle der Sahne 200 Gramm Frischkäse, am besten Mascarpone, unter die Carobcreme und garnieren Sie damit die Birnen.

Pflaumen oder, wie wir Schwaben sagen, Zwetschgen sind immer und überall ein Hochgenuss, nicht nur in Süßspeisen und Kuchen, sondern auch als Brotaufstrich und Soße. Sie verleihen auch pikanten Gerichten den richtigen Pfiff, aber das ist ein anderes Thema. Hier ein fruchtiges Dessert:

Pflaumen auf Pfirsichcreme

200 g Pflaumen	halbieren und entsteinen.
200 g Pfirsiche	schälen, entsteinen und mit
1 Banane	und
1 EL Zitronensaft	pürieren.
150 ml Sahne	steif schlagen und unterziehen.
	Creme in Dessertschalen geben und mit den Pflaumenhälften garnieren.

Tipp: Exotisch wird das Gericht, wenn Sie statt Pfirsich Mango verwenden und die Creme mit Kiwischeiben belegen.

Bananen sind wunderbar vielfältig einsetzbar und können in vielen Desserts helfen, die Menge des Süßungsmittels wie Honig deutlich zu reduzieren. Hier stehen sie aber im Mittelpunkt.

Nussbananen auf Aprikosencreme

4 – 5 Aprikosen	entkernen und pürieren, mit
200 g Quark	und
150 g Joghurt	mischen und die Creme auf vier Dessertteller geben.
2 – 4 Bananen	schälen und längs halbieren,
1 Eigelb	verquirlen,
2 EL Pistazien	und
3 – 4 EL Nüsse	fein mahlen. Bananenhälften zuerst mit dem Eigelb bestreichen, dann in der Nussmischung wenden, in der Pfanne mit etwas
Öl oder Butter	ausbacken und auf der Creme servieren.

Tipp: Wer kein tierisches Eiweiß verwenden möchte, nimmt statt Quark und Joghurt einfach Tofu, brät die Bananen ohne Ei und Nüsse an und bestreut diese erst nach dem Braten mit gemahlenen oder grob geraspelten Nüssen oder Mandeln.

Das Auge isst immer mit, achten Sie deshalb auch auf das Aussehen Ihrer Gerichte.

Melonenkörbchen

1 Honigmelone	vierteln, mit einem Löffel die Kerne entfernen, das Fruchtfleisch vorsichtig mit dem Messer von der Schale trennen und wieder auf die Schale legen. Die äußere Rundung der Melonenschale etwas flach schneiden, damit die Viertel einen besseren Stand haben.
1 – 2 Bananen	mit
1 EL Zitronensaft	zerdrücken und cremig schlagen, mit
300 – 400 g Johannisbeeren	mischen und
100 g geschlagene Sahne	unterziehen. Johannisbeersahne über die stehenden Melonenviertel gießen und sofort servieren.

Tipp: Statt Sahne können Sie auch Joghurt oder Frischkäse verwenden.

Dieses Kapitel möchte ich mit drei Desserts beschließen, die durch ihre Kombination von Käse und süßem Obst bestechen.

Cottage-Früchte

200 g körnigen Frischkäse	mit
2 EL Honig	und
Zimt	mischen.
1 Apfel	grob reiben. Von
75 g Himbeeren	zwei Drittel abmessen und diese mit dem Apfel und dem Käse verrühren. Frischkäse mit den restlichen Himbeeren garnieren.

War im vorigen Rezept noch ein milder Frischkäse die Grundlage, so spielt hier der würzige Camembert die Hauptrolle.

Camembert surprise

250 g Camembert	mit
40 g Butter,	
50 ml Sahne,	
etwas Salz	und
Pfeffer	zu einer geschmeidigen Creme rühren, gegebenenfalls noch etwas Sahne zugeben.
4 – 6 Backpflaumen	entsteinen, statt der Kerne
Haselnüsse	in die Pflaumen geben. Jede Pflaume mit der Käsecreme zu einer Kugel formen, in
Sesam	wälzen. Von einer frischen
Ananas	vier bis sechs Scheiben abschneiden, auf jede Scheibe in die Mitte eine Käsekugel setzen.

Tipp: Der Camembert darf ruhig schon etwas reif sein, dann ist der Gegensatz zum Obst intensiver und es schmeckt besonders gut.

Tipp: Versuchen Sie statt Pflaumen auch einmal getrocknete Feigen oder Datteln.

Kokosflocken oder Kokosraspel passen zu vielen sowohl süßen als auch pikanten Gerichten. Für die Kokosnussbirnen werden sie noch etwas angebräunt, um den Geschmack mehr hervorzuheben.

Kokosnussbirnen

4 reife Birnen	schälen, halbieren und die Kerngehäuse herausschneiden.
1 EL Butter	in der Pfanne erhitzen,
30 – 40 g Kokosraspel	dazugeben und bei mittlerer Hitze zwei Minuten anbräunen. Auf einen Teller geben und die Birnen mit der Rundung darin wälzen. Je zwei Birnenhälften mit der Schnittfläche nach oben auf einen Dessertteller legen.
100 g Roquefort	mit der Gabel zerdrücken, dann
2 EL Birnensaft	dazugeben und zu einer glatten Masse verrühren. Roquefortcreme in einen Spritzbeutel füllen und auf die Birnen spritzen. Mit einem Klacks
roter Johannisbeermarmelade	auf der Creme abrunden und kalt servieren.

Tipp: Statt Kokosraspel können Sie auch gemahlene Nüsse oder Mandeln verwenden.

Tipp: Die Marmelade können Sie auch durch einige rote Früchte oder Beeren ersetzen; auch grüne Kiwis passen dazu.

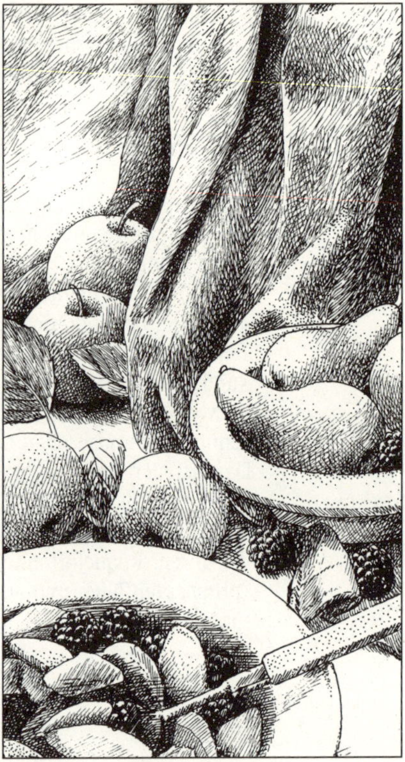

Obstflammeris

Ein Flammeri ist eigentlich das, was wir gemeinhin als Pudding bezeichnen, nämlich eine Süßspeise, für die die zu bindende Flüssigkeit in einem Topf auf dem Herd erhitzt wird und dann mit einem kalt angerührten Dickungsmittel, zum Beispiel Puddingpulver, verrührt und nochmals erhitzt wird.

Im folgenden Kapitel verwende ich Obst oder Obstsäfte als Grundlage für die Flammeris und zum Eindicken Pfeilwurzelmehl oder auch fein gemahlenes Getreide.

Die Desserts werden meist kalt gegessen, obwohl ich manchmal der Versuchung nicht widerstehen kann, sie schon warm zu genießen, da es mir zu lange dauert, bis sie endlich kalt sind.

Grieß, ganz gleich ob aus Weizen, Dinkel oder Mais, eignet sich hervorragend für Flammeris, Sie können ihn in kochende Flüssigkeiten wie Milch, Wasser oder wie im folgenden Rezept in Obstsaft einrühren.

Kirschflammeri

500 g Sauerkirschen	entsteinen, einige Kirschen zur Dekoration zurückbehalten.
150 ml Wasser	erhitzen, Kirschen zugeben und mit
etwas Salz,	
1 Stück Zimtstange	und
abgeriebener Schale	
von einer Zitrone	aufkochen und zehn Minuten köcheln lassen.
75 g Honig	und
50 g Weizengrieß	langsam einrühren und nochmals drei bis vier Minuten sanft kochen. Eine Form mit kaltem Wasser ausspülen und den Flammeri hineinfüllen. Erkalten lassen und dann auf eine Platte stürzen.

Tipp: Statt Kirschen können Sie auch Johannisbeeren verwenden. Die sind zwar weniger süß, aber ihre Herbheit ist ein besonderer Genuss.

In Norddeutschland und Dänemark zu Hause ist die Rote Grütze. Allerdings habe ich mich früher davor gescheut, sie in einem Restaurant zu bestellen, da ich glaubte, sie werde mit Gelatine hergestellt. Als Vegetarier lehne ich Gelatine ab. Doch Rote Grütze wird mit Speisestärke hergestellt, und ich freue mich schon auf meinen nächsten Besuch im Norden. In meinem Rezept verwende ich allerdings keine Speisestärke sondern Pfeilwurzelmehl.

Rote Grütze

200 g Sauerkirschen	entsteinen und mit
200 g Himbeeren,	
200 g Johannisbeeren	und
80 g Honig	in
800 ml Wasser	aufkochen und zehn Minuten köcheln lassen. Die Früchte dann aus der Flüssigkeit nehmen, pürieren oder gut zerdrücken, wieder in die Flüssigkeit geben und nochmals aufkochen lassen.
75 g Pfeilwurzelmehl	mit wenig
kaltem Wasser	anrühren und in die kochende Flüssigkeit geben, gut einrühren, vom Herd nehmen und einige Minuten abkühlen lassen. Glasschüssel mit kaltem Wasser ausspülen und Rote Grütze hineinfüllen. Kalt stellen. Vor dem Servieren aus der Form stürzen.

Tipp: Wenn Sie die Grütze nicht stürzen wollen, reichen auch 50 bis 60 Gramm Pfeilwurzelmehl.

Die Grütze muss nicht immer rot sein und nicht immer aus drei verschiedenen Obstarten bestehen, Pflaumen allein ergeben ebenfalls eine herrliche Grütze.

Pflaumengrütze

80 g Hafer	fein mahlen,
500 ml Wasser	aufkochen und Hafermehl einstreuen,
600 g Pflaumen	entsteinen und grob pürieren.
50 g Mandeln	fein mahlen und in der Pfanne ohne Fett etwas anbräunen. Pflaumenpüree und Mandeln in den Haferbrei rühren und kalt stellen.
200 ml Sahne	steif schlagen und unter die erkaltete Grütze heben. Mit einigen
Pflaumenhälften	garnieren.

Tipp: Wer es besonders süß mag, kann noch ein bis zwei Esslöffel Honig mit aufkochen.

Heidelbeeren sind besonders schmackhaft, am besten schmecken – wie immer bei Beeren – die wild gewachsenen und selbst gepflückten, wenn man nicht durch Zeitungsberichte über mögliche Krankheitsgefährdungen zu sehr verunsichert ist.

Heidelbeerkaltschale

300 g Heidelbeeren	waschen, 200 Gramm davon mit
2 EL Honig	und
750 ml Wasser	aufkochen,
50 g Reismehl	einrühren und fünf Minuten weiterkochen. Unter gelegentlichem Rühren abkühlen lassen.
1 Scheibe Vollkorntoast	in wenig
Butter	in der Pfanne von beiden Seiten anbraten, in kleine Würfel schneiden.
100 ml Sahne	steif schlagen. Kaltschale mit den restlichen Heidelbeeren, den Toastwürfeln und der Sahne garnieren und servieren.

Tipp: Statt Sahne können Sie auch eine dickflüssige Vanillesoße verwenden (Rezept siehe Seite 150). Wenn Sie kein tierisches Eiweiß verwenden möchten, stellen Sie die Soße auf Basis von Saft her.

Im Herbst, wenn der Holder (Holunder) reif ist und die Dolden voller schwarzer Beeren hängen, ist es Zeit für ein fruchtig herbes Dessert.

Holdermus mit Apfelspalten

500 g Holunderbeeren	von den Dolden abstreifen, gut unter fließendem Wasser putzen.
3 mittelgroße Äpfel	in feine Spalten schneiden. Beide Obstarten in einen Topf geben,
100 g Honig, Zimt, abgeriebene Schale von einer Zitrone	und
250 ml Apfelsaft	dazugeben, langsam aufkochen und gut zehn Minuten köcheln lassen. Dann
1 EL Pfeilwurzelmehl	einrühren und etwas andicken lassen. Noch warm servieren.

Tipp: 150 Milliliter Sahne steif schlagen und das Dessert damit garnieren.

Reis eignet sich gut für Süßspeisen, ganz gleich ob gemahlen oder als Korn, ob in Wasser oder in Milch gekocht, ob Rund- oder Langkorn. Hier die gemahlene Variante.

Beeren-Reis-Schnee

50 g Reis	mittelgrob mahlen,
250 ml Wasser	aufkochen, Reisschrot einrühren, zwei Minuten leicht kochen lassen.
100 g Johannisbeeren	zufügen, Topf vom Herd nehmen, abkühlen lassen und
2 EL Honig	unterrühren.
150 – 200 ml Sahne	steif schlagen und unterziehen, mit einigen Beeren garnieren.

Tipp: Wenn Sie größere Beeren wie Erdbeeren verwenden, sollten Sie diese gegebenenfalls halbieren oder vierteln. Gut eignen sich auch Himbeeren und Stachelbeeren sowie geraspeltes Obst.

Tipp: Mit püriertem Tofu (Rezept siehe Seite 152) statt Sahne wird es tierisch-eiweißfrei.

Sauer macht lustig, sagt man. Falls Sie also einen Stimmungsheber benötigen, versuchen Sie es mit der

Zitronencreme

250 ml Wasser	mit
250 ml Milch	aufkochen,
75 g Reis	fein mahlen, einrühren, fünf Minuten kochen, dann auf der ausgeschalteten Platte 15 Minuten quellen und anschließend ganz auskühlen lassen. Von
2 Zitronen	die Schale abreiben und die Zitronen danach auspressen. Zwei Drittel der abgeriebenen Schale und den Saft mit
4 EL Honig,	
Anis,	
Ingwer	und
Vanille	mischen, gegebenenfalls leicht erwärmen, unter die Reismischung rühren und abkühlen lassen.
200 ml Sahne	steif schlagen und unterziehen.

Tipp: Sie können auch auf Milch und geschlagene Sahne verzichten, dafür mehr Wasser und vielleicht noch den Saft einer Orange oder Tofu zugeben. Schmeckt ebenso gut, allerdings ist die Creme vielleicht nicht ganz so locker.

Bei Brombeeren denke ich immer zuerst an den unvergleichlichen Genuss an einem heißen Wandertag nahe Koblenz auf dem Rheinhöhenweg, als wir auf der Höhe bei herrlichem Blick über den Hunsrück die reifen, sonnenwarmen und prallen Brombeeren entlang unseres Weges in kaum zu bewältigender Menge antrafen und uns so richtig satt essen konnten. Daher dürfen diese Früchte hier, wenn auch ganz anders, nämlich zubereitet, nicht fehlen.

Brombeergedicht

	Von
500 ml Milch	zwei Esslöffel abnehmen, mit
1 Päckchen Vanillepuddingpulver	gut verrühren. Die restliche Milch erhitzen, angerührtes Puddingpulver mit
1 EL Honig	in die heiße Milch geben, nochmals aufkochen. Dann erkalten lassen, dabei hin und wieder umrühren, damit sich keine Haut bildet.
2 Bananen	fein zerdrücken, mit dem
Saft einer halben Zitrone	vermischen, mit
Muskatblüte	abschmecken und in den Pudding geben.
150 ml Sahne	steif schlagen, zwei Drittel davon ebenfalls in den Pudding rühren.
250 g Brombeeren	abwechselnd mit dem Pudding in Dessertgläser füllen, mit einigen Brombeeren und der restlichen Sahne garnieren.

Tipp: Statt der Sahne können Sie auch ein Eigelb und einen Esslöffel Butter einrühren, dann das Eiweiß steif schlagen und unterheben.

Beeren und Wandern gehören für mich zusammen, und Himbeeren haben mich einmal gerettet. Vor was gerettet? Vor dem Verhungern, vor dem Zusammenbrechen, vor Depressionen. Genau weiß ich es nicht. Vielleicht finden Sie die Lösung.
Meine Frau Ingrid hatte mich zu einem Fastenwanderurlaub überredet. Ist »überredet« das richtige Wort? Denn »überreden kann man nur Dumme, Kluge muss man überzeugen«, sagte einmal ein besonders kluger Mann, und als dumm lässt man sich ja nicht gerne bezeichnen. Also hat mich Ingrid nicht überredet, sondern ich habe ihrem Wunsch nachgegeben, bei einer Fastenwanderung mitzumachen.
Der erste Tag verging noch ganz gut, aber am Abend fragte ich mich, warum ich zum Beispiel auf ein Eis verzichten sollte oder musste. Meine Stimmung sank und sank, auch am anderen Morgen, nach einem erholsamen Schlaf war sie immer noch nicht besser.
Mit nüchternem Magen wanderten wir los, doch ich konnte das übliche Tempo einfach nicht mithalten. Mühsam schleppte ich mich dahin, Ingrid mit unserem Hund weit voraus. Als mir Ingrid später den guten Rat gab, das Fasten abzubrechen, bin ich fast an die Decke gegangen, aber unter freiem Himmel gibt es keine Decke, und der Himmel war dann doch zu hoch. Der Rat an sich war schon ganz gut, doch es war Sonntagmorgen, kurz nach sieben Uhr und weitab vom nächsten Dorf. Daher gab es keine Möglichkeit, den Rat zu befolgen, bis, ja, bis wir eine gute Stunde später an Himbeersträuchern vorbeikamen. Nach einem halben Pfund Himbeeren war ich dann wieder einigermaßen fit und konnte die Wanderung beenden. Aber dieses Fastenexperiment habe ich nie wiederholt.

Doch fast so gut wie die Himbeeren damals schmecken sie immer in dieser Creme.

Himbeer-Mandel-Creme

500 ml Milch	mit
1 Zimtstange	zum Kochen bringen.
100 g Hafer	sehr fein mahlen, in die Milch einrühren, nochmals aufkochen und 30 Minuten quellen lassen.
60 g Mandeln	mit heißem Wasser überbrühen, Haut abziehen und Mandeln abtrocknen, dann grob hacken und in der Pfanne ohne Fett anrösten.
100 g Himbeeren	mit
1 EL Honig	und
Vanille	pürieren, mit den Mandeln unter die Creme ziehen und kalt stellen.

Tipp: 125 Milliliter Sahne steif schlagen und vor dem Servieren unter die Creme heben.

Tipp: Statt Hafer können Sie auch Reis oder Gerste verwenden.

Die Mango ist für mich die absolute Favoritin unter den exotischen Früchten – es lassen sich zauberhafte Gerichte mit ihr komponieren. Vor allem im Winter, wenn es bei uns kaum frisches Obst gibt, können exotische Früchte Abwechslung bieten.

Mangoflammeri mit Lebkuchencreme

1 reife Mango	schälen und entkernen. Zwei Drittel der Menge pürieren und den Rest in kleine Stücke schneiden. Fruchtmus und Fruchtstückchen mit etwa
250 ml weißem Traubensaft	auf ein Gesamtvolumen von 450 ml ergänzen und aufkochen lassen.
50 ml weißen Traubensaft	mit
1 Päckchen Vanillepuddingpulver	und
1 EL Honig	verrühren, in die kochende Obstmischung einrühren, kurz aufkochen lassen und vom Herd nehmen. Vier breite Dessertschalen mit kaltem Wasser ausspülen, die heiße Mangomasse einfüllen, glatt streichen, abkühlen lassen und die Schälchen in den Kühlschrank stellen.
100 ml Milch	mit
½ Päckchen Mandelpuddingpulver	und
1 EL Honig	verrühren.
250 ml Milch	aufkochen lassen, dann das angerührte Puddingpulver mit
1 TL Lebkuchen-gewürzmischung	einrühren, kurz aufkochen lassen, vom Herd nehmen und etwas abkühlen lassen. Die Creme auf dem

Mangopudding verteilen und die Schälchen für mindestens zwei Stunden in den Kühlschrank stellen. Vor dem Servieren mit

50 g Mandelblättchen

garnieren.

Tipp: Da sich ein halbes Päckchen Puddingpulver so schlecht abmessen lässt, nehme ich immer ein ganzes Päckchen und die doppelte Menge Milch und stelle die restliche Creme beiseite. Ich serviere sie dann separat zum Nachfassen.

Tipp: Im Sommer können Sie statt Mango auch Melone oder Pfirsich und statt Traubensaft auch Apfelsaft für den Pudding verwenden und als Gewürz für die Creme beispielsweise Zimt.

Heiß geliebtes Eis

Ein süßes Kochbuch ohne Eis? Undenkbar! Obwohl – wird Eis überhaupt gekocht? Nicht immer, aber häufig. Natürlich vor dem Einfrieren, sonst wäre es kein Eis. Mitunter ist der Aufwand zur Eisherstellung ziemlich groß, trotzdem sollten Sie ihn nicht scheuen. Schneller geht es mit Sorbets, Parfaits oder Halbgefrorenem.

Gegensätze ziehen sich an, servieren Sie daher zu etwas Kaltem etwas Heißes, vielleicht eine der leckeren Soßen aus dem entsprechenden Kapitel ab Seite 148.

So wird Eis auch im Winter zu einem köstlichen Genuss.

Einfach, schnell und ganz besonders gut, das ist der Wunsch jeder Köchin und jedes Kochs. Diese Kriterien erfüllt vollkommen das

Obstsorbet

1 kg reifes Obst (Melonen, Orangen, Mangos, Erdbeeren, Pfirsiche oder anderes Obst)	in Würfel schneiden und gut durchmischen. Mindestens acht Stunden im Gefrierschrank einfrieren. Dann mit
150 ml Obstsaft	in einer Küchenmaschine mit dem Schlagmesser pürieren und sofort servieren.

Tipp: Verwenden Sie den Saft der Frucht, die sie als Hauptgrundlage gewählt haben, meist passt aber auch Apfelsaft.

Tipp: Nicht so frisch und fruchtig, dafür aber cremiger wird das Dessert, wenn sie statt Saft mindestens 250 Milliliter Sahne zugeben.

Tipp: Verwenden Sie auch mal nur eine Sorte Obst, besonders beliebt sind Erdbeeren oder Himbeeren.

Tipp: Es geht auch mit einem Mixer, allerdings dürfen dann die Eisstücke nicht zu groß sein, sonst läuft das Messer in dem schmalen Gefäß schnell leer.

Ebenso gut wie das Sorbet, aber ein klein wenig mehr Mühe macht das

Nussparfait

2 Eigelb,	
1 Ei	und
100 g Honig	verrühren, Topf ins Warmwasserbad (40 °C) setzen und Masse cremig schlagen, dann Topf in Eiswasser stellen und kalt schlagen.
300 ml Sahne	steif schlagen.
100 g Haselnüsse	fein reiben, beides unter die Eiscreme heben. In den Gefrierschrank stellen, nach dem Anfrieren noch einmal umrühren. Nicht zu fest gefrieren lassen. Nach zwei bis drei Stunden servieren.

Tipp: Nehmen Sie statt Haselnüsse Mandeln oder Walnüsse.

Tipp: Geben Sie statt oder zusätzlich zu den Nüssen noch zwei Esslöffel Carob- oder Kakaopulver hinzu.

Tipp: Fügen Sie alternativ oder zusätzlich zu den Nüssen 100 bis 150 Gramm püriertes Obst wie Erd- und Himbeeren dazu und vermischen Sie das Obstmus mit der Eismasse und der Sahne.

Das folgende Eis aus Indien, das ich so sehr liebe, lässt sich leider nicht ganz so schnell wie die beiden ersten Eissorten zubereiten. Dafür schmeckt es unvergleichlich, wirkt noch kälter als unsere Eissorten und schmilzt so angenehm im Mund. Wenn ich Koulfi in einem indischen Restaurant finde – und oft habe ich dieses Glück – dann ist der Genuss eines indischen Essens vollkommen.

Koulfi

500 ml Milch	in einem breiten Topf aufkochen und unter ständigem Rühren weiterkochen bis der Großteil der Flüssigkeit verdampft ist. Nach gut einer Stunde hat die Milch die Konsistenz einer Paste. Dann abkühlen lassen. Die Masse wiegt jetzt noch 60 bis 80 Gramm. Von
1 l Milch	zwei bis drei Esslöffel abnehmen und mit
2 EL Pfeilwurzelmehl	verrühren und beiseite stellen. Die restliche Milch aufkochen und unter ständigem Rühren zehn Minuten kochen lassen. Dann das aufgelöste Pfeilwurzelmehl hineinrühren. Bei schwacher Hitze Milch unter Rühren weiterkochen, bis sie anfängt einzudicken, dann
100 g Honig	einrühren. Alles abkühlen lassen, dabei hin und wieder umrühren, damit sich keine Haut bildet. Die vorher zubereitete Milchpaste einrühren.
250 ml Sahne	nicht ganz steif schlagen.

2 EL Mandeln	blanchieren, die Haut abziehen und fein hacken, ebenso
2 EL Pistazien	und mit der Sahne vorsichtig einrühren. In eine Gefrierschale füllen und einfrieren, während des Gefriervorgangs noch zweimal umrühren. Frühestens nach vier bis sechs Stunden herausnehmen und servieren.

Tipp: Pürieren Sie eine Mango und mischen Sie diese unter die Sahne, noch eine Prise Safran und fertig ist der Hochgenuss.

Tipp: Auch gemahlene Nüsse oder Mandeln können untergehoben und mit eingefroren werden.

Tipp: Dazu passt geschlagene Sahne oder Obstpüree.

Es klingt vielleicht verrückt, ist aber … mmhhh … einfach köstlich.

Süßkartoffeleis

300 g Süßkartoffeln	schälen und in sehr dünne Scheiben schneiden. In
20 g Butter	kurz andünsten, dann mit
300 ml Milch, 30 g Honig, etwas Salz, 125 ml Sahne, 1 Nelke, 1 Kardamomkapsel	und
1 Stück Zimtrinde	bei mittlerer Hitze langsam aufkochen lassen und kräftig durchrühren. Dann unter häufigem Umrühren, damit die Milch nicht anbrennt, etwa eine Stunde garen. Dabei gelegentlich mit einem Stampfer die Süßkartoffelscheiben zerdrücken, bis eine glatte, feste Konsistenz entsteht. Dann mit
Safran	färben und unter gelegentlichem Rühren 30 Minuten abkühlen lassen. Die festen Gewürzteile herausnehmen und die Masse in einer Gefrierschale in den Gefrierschrank stellen. Nach einer Stunde herausnehmen, mit einer Gabel die Eiskristalle brechen, die Masse leicht durchrühren und wieder

in den Gefrierschrank stellen. Den Vorgang nach einer weiteren Stunde wiederholen und die Masse anschließend glatt streichen.
Weitere drei bis vier Stunden in den Gefrierschrank stellen und dann sofort servieren.

Tipp: Mit Kokosflocken bestreuen und mit Schlagsahne servieren.

Tipp: Statt Süßkartoffeln kann man auch Kürbis verwenden, allerdings muss dann die Honigmenge mindestens verdoppelt werden. Zum Würzen sollte dann noch frisch geriebener Ingwer untergerührt werden.

Und weil Eis so herrlich schmeckt, noch ein schönes Rezept:

Joghurteis

100 g Vollkornzwieback	(Rezept siehe Seite 32) fein zerbröseln, mit
2 – 3 EL rotem Traubensaft	übergießen und zugedeckt ziehen lassen.
600 g Joghurt	mit
100 g Honig	und
etwas Salz	verrühren.
1 EL Carobpulver	durch ein feines Sieb über den Joghurt geben und die Masse zehn Minuten rühren. Dann mit der eingeweichten Zwiebackmasse mischen und alles in Eiswürfelbehälter gießen. Im Gefrierfach vier Stunden erstarren lassen und dann die Eiswürfel servieren.

Tipp: Sie können auch einen trockenen Biskuitboden anstatt des Zwiebacks nehmen.

Tipp: Dazu passen Kirschen oder Himbeeren.

Köstliches Eis gelingt auch mit Tofu.

Bananen-Mandel-Eis

50 g Mandeln	fein mahlen.
150 ml Apfelsaft	mit
1 Banane,	
200 g Tofu	und
80 g flüssigem	
Waldhonig	pürieren, mit
Vanille	würzen und die Mandeln einrühren. In eine Gefrierdose füllen und in den Gefrierschrank stellen. Während des Gefriervorgangs noch ein- bis zweimal gut durchrühren, damit keine zu festen Eiskristalle entstehen. Nach vier bis fünf Stunden servieren.

Tipp: Verwenden Sie doch einmal roten Traubensaft und geben Sie frisch geriebenen Ingwer dazu.

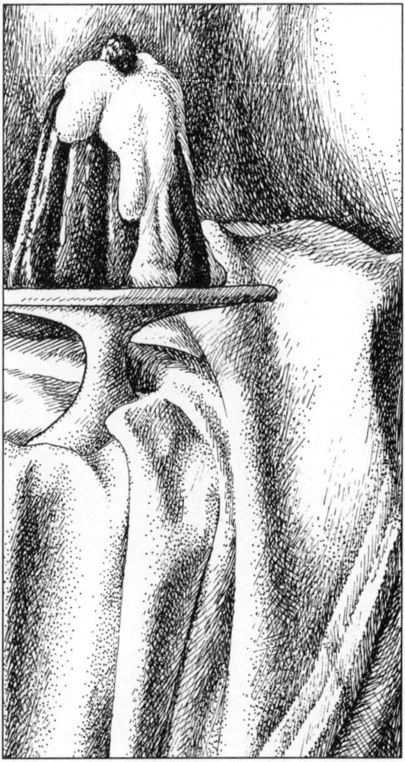

Puddings und Milchflammeris

Im Gegensatz zu Flammeris (siehe Seite 61) wird ein echter Pudding in der Regel im Wasserbad in einer speziellen Form zubereitet.

Zu Puddings habe ich ein etwas gespaltenes Verhältnis. Ich genieße sie beim Essen, doch sie bereiten mir bei der Zubereitung immer etwas Sorgen. Genauer gesagt, nicht bei der Zubereitung, sondern kurz vor dem Servieren lautet meine bange Frage: Geht der Pudding schön aus der Form heraus, oder bleibt etwas kleben und er zerbricht? Leider passiert mir hin und wieder auch das Letztere. Ich habe manchmal fast das Gefühl, meine Puddingform hat etwas gegen mich.

Aber trotzdem sollen Puddings natürlich hier nicht fehlen, dafür schmecken sie einfach zu gut und vielleicht ist Ihnen Ihre Puddingform ja auch freundlicher gesinnt als mir meine.

Nicht nur für Kinder, auch für Erwachsene ein besonderer Genuss, den ich mir gerne gönne, vor allem, wenn ich nur für mich koche. Allerdings nehme ich dann nur zwei Drittel der Menge und bin so angenehm satt.

Grießpudding

750 ml Milch	mit
etwas Salz	und
abgeriebener Zitronenschale	aufkochen.
150 g Weizengrieß	unter Rühren einstreuen, kurz kochen und zehn Minuten quellen lassen.
50 g Butter	mit
40 g Honig	schaumig rühren, nach und nach
3 Eigelb	dazugeben. Wenn die Masse schaumig ist, diese löffelweise zur Milch-Grieß-Masse geben.
50 g Mandeln	grob hacken,
3 Eiweiß	steif schlagen und mit den Mandeln und
50 g Rosinen	unter die Grießmasse heben. In eine gut gefettete und mit
Semmelbröseln	ausgestreute Puddingform geben. Im leicht köchelnden Wasserbad in 90 Minuten gar kochen. Aus dem Wasserbad herausnehmen, zehn Minuten abkühlen lassen und warm servieren.

Tipp: Dinkelgrieß macht das Gericht noch feiner, die Hälfte des Weizengrießes kann auch durch Maisgrieß ersetzt werden.

Einem alten, vegetarischen Kochbuch von 1907 verdanke ich die folgende Anregung, wobei ich einige Veränderungen vorgenommen habe und Ihnen hier eine vollwertige Version präsentiere.

Dinkelpudding mit Äpfeln

300 g Dinkel	fein mahlen.
50 g Butter	mit
3 Eigelb	schaumig rühren,
60 g Honig, Saft und abgeriebene Schale einer halben Zitrone	unter Rühren dazugeben, dann nach und nach das Mehl und
300 – 350 ml Milch.	Alles sehr gut durchrühren und einige Minuten quellen lassen. Dann
3 Eiweiß	sehr steif schlagen und unterheben. Puddingform gut einfetten und mit
Semmelbröseln oder gemahlenen Nüssen	ausstreuen. Gut zwei Zentimeter hoch einen Teil der Teigmasse einfüllen. In den restlichen Teig
3 – 4 Äpfel	grob hineinraspeln, alles in die Form geben und den Deckel schließen. Im leicht köchelnden Wasserbad etwa 75 Minuten kochen. Aus dem Wasserbad nehmen, fünf bis zehn Minuten abkühlen lassen und warm servieren.

Tipp: Würzen Sie mit Zimt und/oder Vanille. Ersetzen Sie 50 Gramm des Dinkels durch Roggen oder Gerste.

Wenn man bei Aufläufen oder Puddings nicht rationell vorgeht, hat man für ein solches Gericht hinterher ganz schön was zu spülen. Also immer sparsam mit den Töpfen und Schüsseln umgehen, außer das Spülen ist Ihre Lieblingsbeschäftigung, was bei mir nicht zutrifft.

Kokosnusspudding

375 ml Milch	mit dem
Mark von 1 Vanillestange	erhitzen.
30 g Butter	zugeben.
100 g Vollkornzwieback	grob zerbröseln, die Hälfte der Milch darübergießen und 15 Minuten quellen lassen.
2 Eier	mit
60 g Honig	schaumig schlagen. Etwas
Salz, abgeriebene Zitronenschale	und
120 g Kokosraspel	in die restliche Milch geben. Zwiebackmasse, Eiercreme und Kokosmasse gut mischen.
30 g Mandeln	fein reiben. Feuerfeste Form gut einfetten und mit den Mandeln ausstreuen. Puddingmasse einfüllen. Die feuerfeste Form in eine größere, mit Wasser gefüllte Form stellen und im Backofen bei 180 °C etwa 90 Minuten backen. Pudding aus dem Ofen nehmen und in der Form sofort mit einer Fruchtsoße servieren (Rezepte siehe Seite 156 ff).

Tipp: Wer will, kann noch einige Tropfen Bittermandelöl dazugeben.

Kein Pudding, sondern eigentlich ein Flammeri ist der

Maispudding

300 ml Apfelsaft	aufkochen,
100 g Maismehl	einrühren und zu einem dicken Brei kochen, vom Herd nehmen, zehn Minuten quellen lassen.
125 g Quark	mit
100 g geschlagener Sahne, abgeriebener Zitronenschale	und
50 g Honig	verrühren und unter den Maisbrei mischen.

Tipp: Statt geschlagener Sahne flüssige Sahne nehmen, dafür ein Eigelb und ein steif geschlagenes Eiweiß unter den noch warmen Brei heben.

Tipp: Hirse statt Mais verwenden und schon haben Sie wieder ein neues Rezept.

Tipp: Probieren Sie auch einmal, ob nicht der Saft allein schon ausreichend süßt. Wenn Sie statt Apfelsaft weißen Traubensaft verwenden, gilt dies auf jeden Fall.

Zu allen Flammeris passen neben Obst-, Vanille- oder Zimtsoße auch geschlagene Sahne oder Tofucreme (Rezept siehe Seite 152), Obstsalat oder Kompott.

Haselnussflammeri

80 g Haselnüsse	fein mahlen. Von
500 ml Milch	zwei Esslöffel abnehmen und mit
3 – 4 EL Pfeilwurzelmehl	gut verrühren. Restliche Milch mit den Haselnüssen,
etwas Salz	und
Vanille	aufkochen, dann
2 EL Honig	und das angerührte Pfeilwurzelmehl einrühren und drei Minuten köcheln lassen. Zwei Esslöffel abnehmen und mit
1 Eigelb	verquirlen, in den Flammeri rühren und bis kurz vor den Siedepunkt erhitzen.
1 Eiweiß	steif schlagen, den Eischnee unter den heißen Flammeri heben. Eine Glasform mit kaltem Wasser ausspülen und den Flammeri hineingießen. Mindestens eine Stunde erkalten lassen und dann auf eine Platte stürzen.

Tipp: Servieren Sie dazu eine Carobsoße, die Sie sowohl nach dem Rezept für die Zimt- als auch für die Vanillesoße (Rezepte siehe Seiten 151und 150) herstellen können: Einfach statt dieser Gewürze oder zusätzlich ein bis zwei Esslöffel gesiebtes Carobpulver einrühren.

Bringen Sie Abwechslung in den Geschmack und die Inhaltsstoffe Ihrer Desserts, indem Sie unterschiedliche Getreidearten wählen. Es gibt mehr als nur den Weizen: Experimentieren Sie mit Dinkel, Hafer, Hirse, Roggen, Mais, Reis oder Gerste.

Gersten-Nuss-Creme

500 ml Milch	mit
Zimt	aufkochen,
100 g feines Gerstenmehl	klumpenfrei einrühren, aufkochen und 15 Minuten quellen lassen.
2 – 3 EL Honig	dazugeben.
2 – 3 EL fein geriebene Nüsse	in der Pfanne ohne Fett anrösten und mit
1 – 2 EL Kakaopulver	in die Milchcreme rühren.
150 g geschlagene Sahne	unterheben und servieren.

Tipp: Ziehen Sie geraspeltes oder püriertes Obst unter die Creme.

Tipp: Nehmen Sie statt Nüssen auch einmal Kokosflocken und geben Sie einige Rosinen dazu.

Carob ist das geröstete Fruchtmark aus den Schoten des immergrünen Johannisbrotbaumes, der im Mittelmeerraum heimisch ist. Carob kann fast wie Kakao eingesetzt werden, obwohl es sich geschmacklich erheblich von Kakao unterscheidet. Daher mache ich bei Trinkschokolade eine Ausnahme und stimme mit meinen Patenkindern überein, die in ihren jüngeren Jahren bei einem entsprechenden Versuch die Mienen verzogen und höflich meinten, mit Kakao schmecke es besser.
Im Gegensatz zu Kakaopulver benötigt Carobpulver weniger Verarbeitungsschritte bei seiner Herstellung, es enthält kaum Fett, dafür aber wichtige Ballaststoffe und einen hohen Anteil natürlicher Zucker, so dass man für ein Rezept, das Carobpulver statt Kakaopulver enthält, weniger Süßungsmittel benötigt.

Carobcreme

500 ml Milch	mit
3 – 4 EL Pfeilwurzelmehl,	
4 EL Honig,	
Vanille	und
2 – 3 EL Carobpulver	gut verrühren und aufkochen lassen, vom Herd nehmen, nochmals durchrühren und erkalten lassen.
200 ml Sahne	steif schlagen und unterziehen.

Tipp: Verwenden Sie statt Pfeilwurzelmehl Johannisbrotkernmehl (beispielsweise Bindobin) oder 80 bis 100 Gramm Reismehl.

Tipp: Reduzieren Sie die Menge des Pfeilwurzelmehls auf die Hälfte und geben Sie noch 100 Gramm gemahlene Mandeln dazu.

Wenn Ihnen eine süße Suppe – vielleicht nach einem frischen Salat als Hauptspeise – reicht, sollten Sie mal die Carobsuppe kochen.

Carobsuppe mit Schneebällchen

60 g Weizen	fein mahlen, in einer Pfanne ohne Fett leicht anrösten und abkühlen lassen.
1 l Milch	aufkochen. Bis die Milch kocht
2 EL Honig,	
3 Eigelb,	
2 – 3 EL Carobpulver	und
Vanille	cremig rühren. Mit dem Mehl unter die heiße Milch rühren, nochmals kurz aufwallen lassen.
3 Eiweiß	steif schlagen, mit einem Löffel kleine Bällchen abstechen und diese kurz in
kochendes Wasser	geben.
	Die Bällchen aus dem Wasser nehmen, auf die Suppe setzen und servieren.

Tipp: Ersetzen Sie 30 Gramm Weizen durch 40 Gramm gemahlene Mandeln oder geben Sie noch Kokosflocken in die Milchsuppe.

Nicht nur zur Weihnachtszeit schmeckt Marzipan. Verwenden wir selbst gemachtes Honigmarzipan für ein Dessert.

Marzipan

100 g Mandeln	mit heißem Wasser überbrühen und die Haut abziehen. Die Mandeln sehr fein mahlen,
50 g Honig	dazugeben und mit der Küchenmaschine so lange rühren, bis sich ein Kloß gebildet hat. Masse aus der Rührschüssel nehmen, Figuren formen und trocken lagern oder weiterverwenden, beispielsweise für einen Hirsebrei mit Marzipan (siehe folgendes Rezept).

Tipp: Geben Sie zum Marzipan noch einige Tropfen Rosenwasser oder ein anderes Gewürz hinzu.

Tipp: Honigmarzipan können Sie auch in vielen anderen Gerichten, wie einem Stollen, verwenden.

Das Wort »Brei« klingt so kindlich, aber ich bin bekennender Breifan und nach dem folgenden Dessert wissen Sie warum.

Hirsebrei mit Marzipan

125 g Hirse	unter heißem Wasser abspülen, im Sieb abtropfen lassen.
500 ml Wasser	mit
1 Stück Zimtrinde	und
2 – 3 Nelken	aufkochen und die Hirse einrühren, einige Minuten köcheln und dann ausquellen lassen. Wenn der Hirsebrei etwas abgekühlt ist, die Gewürze herausnehmen und
150 g Marzipan (Rezept siehe Seite 94)	einrühren.
150 g Tofu	mit
3 – 4 EL Orangensaft	und
1 EL Honig	pürieren und ebenfalls in den Hirsebrei geben.

Tipp: Sie können die Hirse auch in Milch aufkochen und statt des Tofus 200 bis 250 Milliliter geschlagene Sahne unterrühren.

Tipp: Nehmen Sie statt Hirse auch einmal Rundkornreis.

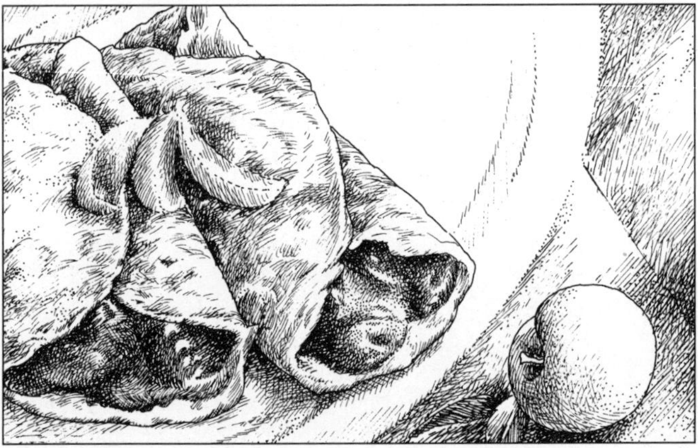

Pfannkuchen und Co.

Was bei uns im Süden »Pfannkuchen« heißt, nennt man im Norden »Eierkuchen«. In Berlin dagegen versteht man unter »Pfannkuchen« das, was wir als »Berliner« bezeichnen.

Meist backe ich Pfannkuchen ohne Süßungsmittel, dann kann ich sie, wenn welche übrig bleiben sollten, auch pikant mit Käse kombinieren oder in einer Suppe verwenden.

Wenn Sie aber Gerichte aus der Pfanne oder dem Waffeleisen mit Honig statt mit weißem Zucker süßen, müssen Sie beim Braten und Backen besonders aufpassen. Mit Honig gesüßte Pfannkuchen und Waffeln bräunen schneller. Als Fett verwende ich am liebsten Erdnussöl, das fürs Erhitzen besser geeignet ist als Sonnenblumenöl.

Das Pfannkuchenbraten geht doppelt so schnell, wenn Sie zwei Pfannen einsetzten. Vor allem wenn die Pfannen aus unterschiedlichen Materialien bestehen oder unterschiedlich beschichtet sind, müssen Sie aber besonders gut aufpassen, damit Ihnen nichts anbrennt.

Pfannkuchen

250 g Weizen	fein mahlen, mit
4 Eiern,	
etwas Salz,	
400 ml Milch	und
Muskat	gut verrühren. In einer Pfanne
Öl	zum Braten erhitzen. Teig mit der Schöpfkelle in die Pfanne geben. Teig darin verteilen, damit ein dünner Pfannkuchen entsteht. Auf beiden Seiten je drei bis fünf Minuten ausbacken

Tipp: Wenn Sie es feiner lieben, wählen Sie statt Weizen Dinkel, oder ersetzen Sie einen Teil der Milch durch Sahne.
Sie können natürlich auch beides tun.

Tipp: Lecker schmeckt es auch, wenn Sie einen Teil des Weizens durch Buchweizen ersetzen.

Tipp: Wenn Sie lieber ein Ei weniger nehmen wollen, so ersetzen Sie 125 Milliliter Milch durch 150 Milliliter Mineralwasser. Entsprechend können Sie auch auf das zweite und dritte Ei verzichten. Wenn Sie überhaupt keine Eier verwenden wollen, sollten Sie die Pfannkuchen kleiner ausbacken, denn sie brechen sehr leicht auseinander. Mit Buchweizen-, Reis- oder Kichererbsenmehl ist das Ausbacken einfacher.

Besonders lecker schmecken die Pfannkuchen, wenn Sie diese im Backofen nochmals überbacken.

Gratinierte Erdbeerpfannkuchen

Pfannkuchen	nach dem nebenstehenden Rezept (siehe Seite 98) backen.
500 g Erdbeeren	in Scheiben schneiden. Die Pfannkuchen ganz leicht mit
1 – 2 EL Sanddornhonig	bestreichen, dann den ersten Pfannkuchen mit Erdbeeren belegen und einrollen. Mit den weiteren Pfannkuchen genauso verfahren. Alle Pfannkuchen in eine leicht gefettete Auflaufform eng nebeneinander legen. Backofen auf 180 °C vorheizen.
150 g Quark	mit
50 ml Sahne,	
1 Ei,	
1 EL Honig,	
Zimt,	
Vanille	und
Ingwer	verrühren und über die Pfannkuchen gießen, im Backofen etwa 20 bis 25 Minuten backen. Heiß servieren.

Tipp: Sie können den Guss auch noch mit gemahlenen Nüssen bestreuen oder die Nüsse in den Quark rühren.

Tipp: Rollen Sie die Pfannkuchen nicht zusammen, sondern schichten Sie die belegten Pfannkuchen übereinander und geben zum Schluss den Quark darüber.

Zu Pfannkuchen passen Kompott, frisches Obst, Marmelade und Honig, man kann aber auch pikante Beilagen wählen oder das Obst bereits mitbacken, wie beim

Birnenpfannkuchen

Je 100 g Dinkel,	
Buchweizen, Roggen	fein mahlen, mit
2 Eiern,	
250 ml Sahne	und
350 ml Mineralwasser	zu einem Teig verrühren, 15 bis 20 Minuten quellen lassen.
75 g Haselnüsse	nicht zu grob hacken.
300 g Birnen	in den Teig raspeln, Nüsse dazugeben und mit
Zimt	kräftig würzen. In einer Pfanne mit
Fett	ausbacken.

Tipp: Wenn Sie besonders saftige Birnen verwenden wollen, sollten Sie beim Mineralwasser zunächst eine geringere Menge nehmen und erst nach dem Ausquellen entscheiden, ob Sie die gesamte Flüssigkeit wirklich benötigen.

Ganz aus Buchweizen ist die russische Variante des Pfannkuchens: Blini. Zumeist werden sie bei pikanten Gerichten verwendet, doch sie schmecken auch vorzüglich mit einer herbsüßen Fruchtcreme.

Blini

175 g Buchweizen	fein mahlen, mit
20 g Hefe,	
2 Eiern,	
250 ml Milch	und
1 EL Honig	gut verrühren und einige Minuten quellen lassen. Dann in der Pfanne mit
Fett	kleine Küchle ausbacken.

Dazu passt die

Rhabarbercreme

200 g Rhabarber	mit
100 ml Apfelsaft	und
2 EL Honig	weich kochen, pürieren und abkühlen lassen. Dann mit
200 g Crème fraîche	mischen, mit
Ingwer	und
Vanille	würzen und mit den Blini servieren.

Tipp: Wenn Sie weniger Buchweizen verwenden möchten, ersetzen Sie einfach zwei Drittel oder die Hälfte der Menge durch Weizen oder Dinkel.

Tipp: Wenn Ihnen Crème fraîche zu fett ist, ziehen Sie Joghurt unter das Rhabarbermus oder verwenden Sie das reine Mus.

Und setzen Sie nun den Pfannkuchen die Krone auf:

Überbackene Kirschen

250 g Weizen	fein mahlen.
2 Eigelb, 250 ml Mineralwasser, 250 ml Milch etwas Salz	und verquirlen und nach und nach das Mehl einrühren. Teig 30 Minuten quellen lassen.
2 Eiweiß	steif schlagen und unter den Teig heben.
Kokosfett	in der Pfanne erhitzen und eine Portion Teig mit der Schöpfkelle in die Pfanne geben. Pfannkuchen auf der einen Seite fünf Minuten goldgelb backen, dann wenden und die andere Seite noch drei Minuten backen. Die Menge sollte etwa acht Pfannkuchen ergeben.
500 g Kirschen	entsteinen, Kirschen auf den Eierkuchen verteilen. Jeweils von zwei Seiten einschlagen, aufrollen und in eine gefettete Auflaufform legen. Oberseiten der Pfannkuchenrollen kreuzweise leicht anritzen.
50 g Butter 2 Eiern, Vanille, Zimt, 50 – 80 g Honig 250 ml Milch	mit und schaumig schlagen,
100 g Nüsse	grob raspeln und zugeben. Masse über die Pfannkuchen geben. Im Backofen bei 220 °C etwa 15 Minuten überbacken.

Wenn Ihnen das noch nicht genug Kirschen sind, dann servieren Sie dazu noch die

Einfache Kirschsoße

250 ml Kirschsaft	mit eventuell übrig gebliebenen Kirschen aufkochen.
20 – 30 g Reismehl	einrühren und Saft damit andicken. Getrennt zu den warmen Pfannkuchen servieren.

Tipp: Als Gewürze eignen sich Vanille und natürlich Ingwer, versuchen Sie auch mal Kichererbsen- oder Maismehl.

Nicht wie die vorherigen Rezepte mit Mehl, sondern aus gekochten und pürierten Hirsekörnern werden die folgenden Crêpes zubereitet. Noch intensiver und appetitlicher wird das Hirsegelb, wenn Sie eine Prise Safran dazugeben. Denn Safran macht nicht nur den Kuchen gelb, wie ein alter Kinderspruch lautet, sondern auch die Crêpes.

Hirsecrêpes

250 ml Milch	aufkochen,
100 g Hirse	unter heißem Wasser abwaschen und in die Milch geben, einige Minuten kochen. Dann vom Herd nehmen und etwa 15 Minuten ausquellen lassen. Hirsemasse in den Mixer geben und fein pürieren, dabei nach und nach
3 Eier, 100 ml Sahne, 1 EL Honig, Vanille	und
30 g Dinkelmehl	dazugeben. In der Pfanne mit
Fett	dünne Crêpes ausbacken und sie dabei einmal wenden.

Tipp: Dazu passt am besten eine Himbeersoße (Rezept siehe Seite 156), und nicht nur farblich gibt ein Klacks Sahne dem Dessert zusätzlichen Pfiff.

Der amerikanische Pancake ist dicker als unser Pfannkuchen, was an der Verwendung eines Triebmittels, in diesem Fall Backpulver, liegt.

Pancakes

250 g Weizen	fein mahlen, mit
1 EL Honig,	
etwas Salz	und
1 TL Backpulver	in eine Schüssel geben.
3 Eigelb	mit
250 ml Milch	und
50 g zerlassener Butter	verquirlen und mit dem Mehl verrühren.
3 Eiweiß	steif schlagen und unterheben.
Fett	in einer Pfanne erhitzen, Pfannkuchen ausbacken und servieren.

Tipp: Sie können dazu Sahne oder Zimtsahne, Tofucreme (Rezept siehe Seite 152) oder eine Fruchtpaste oder -soße (Rezepte ab Seite 156) servieren, aber am besten schmeckt – dies muss ich zugeben – Ahornsirup. Eigentlich bin ich – ganz im Sinne von Dr. Bruker, dem Pionier der Vollwerternährung, der Sirupe zu den Fabrikzuckerarten zählt, die man besser meiden sollte – kein Freund von Ahornsirup, aber hier krönt er die Pancakes.

Einfachheit ist Trumpf, zumindest gilt dies bei den Waffeln, obwohl auch exotischere Varianten ihren Reiz haben.
Eigentlich könnte ich Ihnen hier leicht und locker sechs bis acht verschiedene Waffelrezepte aufschreiben und damit das Buch noch ein bisschen dicker machen. Doch ich möchte Ihnen mit meinen Tipps nur Anregungen geben, wie variabel Waffeln gemacht werden können.

Waffeln

150 g Weizen	und
50 g Roggen	fein mahlen, mit
250 ml Mineralwasser	und
etwas Salz	gut verrühren. Waffeleisen mit
Butter oder Margarine	gut einfetten, Teig mit einer Schöpfkelle in das Waffeleisen geben, das Eisen schließen und je nach Geschmack knusprig backen.

Tipp: Verwenden Sie statt Mineralwasser Milch.

Tipp: Ersetzen Sie den Roggen durch Reis, Mais, gemahlene Mandeln oder Nüsse.

Tipp: Backen Sie statt mit Weizen mal mit Dinkel.

Tipp: Geben Sie einen Teelöffel Honig bei.
Vorsicht: Die Waffeln werden dann schneller braun.

Tipp: Geben Sie Zimt, Vanille oder Ingwer in den Teig.

Tipp: Rühren Sie ein bis zwei Eier in den Teig.

Gerade jetzt zur Weihnachtszeit, wenn ich diese Rezepte schreibe, gibt es auf vielen Weihnachtsmärkten ein Gericht, das mir das Wasser im Munde zusammenlaufen lässt: Kartoffelpuffer mit Apfelmus.

Kartoffelpuffer

750 g rohe Kartoffeln	fein reiben, ebenso
1 kleine Zwiebel	und mit
200 g Magerquark,	
3 EL Buchweizenmehl	und
etwas Salz	zu einem glatten Teig verrühren. In einer Pfanne in heißem
Öl	portionsweise dünne Fladen ausbacken, auf beiden Seiten je gut drei Minuten.

Tipp: Wenn Sie statt Quark pürierten Tofu (Rezept siehe Seite 152) verwenden, erhalten Sie ein Gericht ganz ohne tierisches Eiweiß.

Tipp: Sie können den Quark und das Mehl auch weglassen und die Kartoffel-Zwiebel-Mischung dafür mit zwei Eiern verrühren.

Tipp: Servieren Sie zu den Kartoffelpuffern das selbst gemachte rohe Apfelmus (Rezept siehe Seite 155).

Nicht rohe, sondern gekochte Kartoffeln sind der wesentliche Bestandteil der folgenden Pfannküchle.

Kartoffelpfannküchle

180 g Roggen	fein mahlen,
50 g Butter	schaumig rühren, Mehl dazugeben und Butter unterarbeiten.
500 g gekochte Kartoffeln vom Vortag	fein reiben, mit
2 EL Honig,	
200 ml Milch	und
20 g Hefe	zu einem glatten Teig verrühren. Dabei mit
Anis,	
Muskatblüte	und
Zimt	kräftig würzen. Teig gut zehn Minuten in der Wärme ruhen lassen. Dann aus dem Teig kleine Küchle mit einer Dicke von etwa einem halben Zentimetern bilden und in einer Pfanne mit heißem
Fett	langsam auf beiden Seiten ausbacken.

Tipp: Hierzu sollten Sie eine herbsüße Beilage wählen, beispielsweise Hägenmark, also eine nicht zu süße Hagebuttenmarmelade oder -creme.

Tipp: Wenn Sie auf tierisches Eiweiß verzichten möchten, nehmen Sie statt Butter und Milch einfach 20 Milliliter Sonnenblumenöl und 220 Milliliter Mineralwasser.

Aus Sachsen stammt das nächste Gericht. Von ihm haben wir uns bei unserem letzten Besuch im Elbsandsteingebirge gerne verwöhnen lassen.

Quarkkeulchen

75 g Rosinen	mit etwas heißem Wasser überbrühen.
500 g Pellkartoffeln vom Vortag	fein reiben oder durch die Presse drücken, mit
250 g Quark, 2 Eiern, 50 – 100 g Weizenmehl, 40 g Honig, etwas Salz, Zimt	und
abgeriebener Zitronenschale	zu einem Teig verkneten. Wasser von den Rosinen abgießen, diese abtrocknen und sie dann mit ein wenig
Mehl	bestäuben und in den Teig einarbeiten.
Butter	in der Pfanne erhitzen. Vom Teig mit dem Esslöffel Klöße abstechen und dann flachdrücken. In der Pfanne bei schwacher Hitze auf jeder Seite gut sechs Minuten goldbraun backen. Keulchen warm mit Apfelmus oder Kompott servieren (Rezept siehe Seite 155).

Tipp: Durch den Honig werden die Keulchen sehr schnell braun, und wenn die Pfanne zu heiß ist, sind sie leicht verbrannt. Daher brate ich sie, vor allem bei größeren Mengen, in der Pfanne auf beiden Seiten nur kurz an, gebe sie auf ein gefettetes Blech und backe sie im Ofen bei 200 °C in 15 Minuten fertig.

»Schmarren«, sagt man in Bayern, wenn man etwas für Unsinn hält. Aber manchmal ist damit auch etwas ganz besonders Leckeres zum Essen gemeint.

Schmarren

30 g Rosinen	in
etwas Wasser	eine halbe Stunde einweichen.
75 g Dinkel	und
50 g Gerste	fein mahlen.
3 Eigelb	mit
1 – 2 TL Honig,	
Vanille	und
etwas Salz	cremig rühren, bis die Masse eine hellgelbe Farbe hat. Nach und nach das Einweichwasser der Rosinen und
400 ml Milch	zur Eiercreme geben, ebenso das Mehl. Rosinen trockentupfen und einrühren.
3 Eiweiß	sehr steif schlagen und vorsichtig unterheben.
Butter	in einer Pfanne erhitzen, eine Portion Teig etwa einen halben Zentimeter hoch einfüllen. Bei kleiner Hitze drei bis vier Minuten anbraten, dann wenden. Vor dem Wenden nochmals etwas Butter zugeben. Auch die andere Seite drei Minuten anbraten. Gebratenen Teig mit zwei Gabeln unregelmäßig zerrupfen. Warm stellen. Restlichen Teig ebenso zubereiten. Dann alle zerrupften Stücke in Butter in zwei bis vier Minuten fertig braten. Mit
1 – 2 EL Kokosflocken	bestreuen und servieren.

Und noch ein Schmarren.

Semmelschmarren

8 altbackene Brötchen,	aber nicht zu harte, in dünne Scheiben oder Würfel schneiden und in eine Schüssel geben.
600 ml Milch	mit
3 Eiern,	
1 EL Honig	und
Zimt	verquirlen und über die klein geschnittenen Brötchen geben, diese 45 Minuten darin tränken, hin und wieder umrühren. Dann alles zu einem Teig verrühren. Diesen portionsweise in die mit
Butter oder Fett	erhitzte Pfanne geben und auf jeder Seite drei Minuten backen. Dann mit der Gabel in kleine Stücke zerreißen und diese weitere drei Minuten braten. Auf Teller geben, mit etwas
flüssigem Honig	begießen und mit
Zimt	bestreuen.

Tipp: Genauso gelingt das Rezept auch mit altbackenem Brot, wenn man dieses etwas länger einweicht, damit auch die harte Kruste weich wird.

Tipp: Wer Rosinen liebt, wird auch hier nicht darauf verzichten.

Tipp: Bei sehr, sehr trockenen und harten Brötchen muss man die Einweichzeit auf einige Stunden verlängern und gegebenenfalls etwas mehr Flüssigkeit zugeben.

Knödelrunde Poesie

Knödel in allen Variationen sind ein Gedicht. Es gibt sehr viele verschiedenen Arten und natürlich nicht nur pikante, obwohl man den Begriff »Knödel« meist mit solchen verbindet.

Bei den Knödelrezepten sollten Sie sich möglichst an die Vorgaben halten und wenn die Zeit reicht auch einen Probeknödel herstellen, denn wenn die Masse zu wenig bindet, könnte es Ihnen passieren, dass die Klöße während des Kochens zerfallen und Sie buchstäblich mit leeren Händen dastehen.

Doch nicht nur Knödel oder Knöpfle finden Sie im folgenden Kapitel sondern gleich als erstes auch süße Spätzle, die ich Ihnen nicht vorenthalten wollte und für die ich keinen besseren Platz in diesem Buch gefunden habe.

Lassen Sie mich dieses Kapitel mit einem typisch schwäbischen Rezept beginnen, nämlich mit

Apfelspatzen

500 g Spätzle	nach dem Grundrezept herstellen. In der Zwischenzeit
4 – 5 Äpfel	grob raspeln, mit
Zitronensaft	beträufeln,
1 EL Honig	und
Zimt	dazugeben. Spätzle in der Pfanne mit etwas
Fett	anbraten, Apfelmasse einrühren, diese in der Pfanne weich dünsten und mit
Zimt	bestreut servieren.

Tipp: Da fällt mir ein, haben Sie überhaupt das Grundrezept, ein Schwabe hat es wohl immer, aber auch in einer vollwertigen Version? Gehen wir auf Nummer sicher, auf der nächsten Seite bringe ich Ihnen mein Grundrezept.

Tipp: Leicht exotisch schmecken die Spatzen, wenn Sie noch Kokosraspel darüberstreuen und die Äpfel mit Ingwerpulver oder einem Teelöffel frisch geriebenem Ingwer weich dünsten.

Und hier das versprochene A und O der schwäbischen Vollwertküche:

Spätzle

375 g Dinkel etwas Salz, Muskat,	sehr fein mahlen, mit
3 Eiern	und
250 ml Wasser	verrühren, kräftig schlagen, bis sich im Teig Blasen bilden, dann den Teig mit Spätzlehobel (oder -presse) in
2 – 3 l kochendes Salzwasser	hobeln oder pressen, aufkochen lassen, ab und zu umrühren, mit dem Schaumlöffel herausnehmen und mit kaltem Wasser abschrecken. Eventuell
etwas Butter oder Öl	zugeben, umrühren und erkalten lassen.

Tipp: Sie können natürlich auch Weizen statt Dinkel nehmen. Besonders kräftig schmecken die Spätzle, wenn Sie für einen Teil des Getreides Roggen nehmen.

Tipp: Sie können auch noch etwas Zimt oder Vanille statt Muskat in den Teig geben, wenn Sie sicher sind, die Spätzle nur für eine süße Variante zu verwenden.

Tipp: Die original schwäbischen Spätzle werden nicht durch eine Maschine gepresst oder gehobelt, sondern man gibt einen Teil des Teiges auf ein Brett und schabt sie direkt ins Wasser. Nicht ganz einfach, wenn man es nicht gezeigt bekommt. Aber die Spätzle schmecken auch, wenn sie wie beschrieben hergestellt werden.

Der Name Knöpfle macht schon deutlich, dass wir immer noch in Schwaben weilen.

Apfel-Rosinen-Knöpfle

400 g Dinkel	und
100 g Buchweizen	fein mahlen.
3 Eier	mit
etwas Salz,	
2 EL Honig,	
Saft und abgeriebener Schale einer halben Zitrone,	
125 ml Milch	und
2 EL zerlassener Butter	verquirlen. Nach und nach das Mehl einstreuen und verrühren.
100 g Rosinen	in den Teig mischen sowie
400 – 500 g Äpfel	in den Teig raspeln, alles gut vermischen.
	Klöße mit einem Löffel abstechen.
2 – 3 l Wasser	aufkochen,
etwas Salz	dazugeben, Knöpfle in siedendem Wasser 20 Minuten ziehen lassen und dann herausnehmen.
100 g Butter	mit
50 g Honig	erhitzen, bis die Masse flüssig wird. Honigbutter über die Knöpfle gießen und mit
Zimt	bestreuen.

Tipp: Statt mit Äpfeln geht es auch mit Birnen. Wenn diese sehr saftig sind, kann man die Milchmenge etwas reduzieren, damit der Teig die richtige Konsistenz bekommt.

Pflaumenknödel gehören zu Ingrids Leibspeisen, eigentlich sogar der ganzen Familie. Daher habe ich meine Schwiegermutter nie beneidet, wenn sie so um die hundert Knödel – etwa zwanzig pro Person – herstellen durfte. Sie schmecken … na probieren Sie sie einfach, aber machen Sie mir keinen Vorwurf, wenn es Ihnen wie meiner Schwiegermutter geht. Wichtig: bei Knödeln, die im Wasser gekocht werden, sollte man die Mengenverhältnisse ziemlich genau einhalten und die richtige Konsistenz vielleicht mit einem Probeknödel testen.

Pflaumenknödel

200 g gekochte Kartoffeln vom Vortag	schälen und fein reiben.
500 g Weizen	fein mahlen. Beides mit
1 Ei, etwas Salz	und
200 ml Mineralwasser	zu einem Teig kneten.
1 kg Pflaumen	waschen. Jeweils ein walnussgroßes Teigstück auf dem Handteller flachdrücken, eine Pflaume darauflegen und mit dem Teig ganz umhüllen. In köchelndes
Salzwasser	geben und ziehen lassen, bis die Knödel oben schwimmen.
100 g Butter	mit
50 g Honig	und
Zimt	erwärmen und zu den Knödeln servieren.

Tipp: Versuchen Sie, den die Pflaumen umhüllenden Teigmantel so dünn wie möglich herzustellen.

Tipp: Kein Problem wenn Sie zu viel Honigbutter gemacht haben: Erhitzen Sie den Rest nochmals, geben Sie etwas gemahlene Nüsse und Carobpulver dazu, verrühren Sie das Ganze und lassen Sie es erkalten – und Sie haben einen herrlichen Brotaufstrich.

Ganz ähnlich, allerdings nicht mit Kartoffeln, sondern mit Quark werden die Aprikosenknödel gemacht.

Aprikosenknödel

500 g trockenen Quark	mit
2 Eiern,	
1 – 2 EL Honig	und
abgeriebener Orangenschale	verrühren.
200 g Weizen	mahlen, zum Quark geben bis ein formbarer Teig entsteht.
12 Aprikosen	waschen, so weit aufschneiden, dass Sie den Kern herausnehmen und ihn durch eine Mandel ersetzen können – Sie benötigen also insgesamt
12 Mandeln.	Mit dem Teig die Aprikosen umhüllen und Knödel formen. Die Knödel in kochendem
Salzwasser	15 Minuten ziehen lassen.
100 g Butter	leicht bräunen lassen, über die Knödel gießen und servieren.

Tipp: Die Aprikosenknödel schmecken auch mit Dinkel, als Gewürze passen Zimt oder Vanille, ich liebe noch etwas frisch geriebenen Ingwer dazu.

Bleiben wir bei Knödeln, bereiten wir sie mit Hefe zu, füllen sie mit Pflaumenmus, und schon haben wir den Germknödel, den ich allerdings für mich nicht ganz stilecht serviere. Denn eigentlich gehört zur zerlassenen Butter noch gemahlener Mohn, doch ich mag keinen Mohn und verzichte daher darauf.

Germknödel

200 g getrocknete Pflaumen	etwa zwölf Stunden in Wasser einweichen.
500 g Dinkel	fein mahlen. Aus dem Mehl und
20 g Hefe, 200 ml Milch, 1 Ei, etwas Salz, 1 – 2 EL Einweichwasser, Vanille	und
50 g weicher Butter	einen Hefeteig herstellen, 30 Minuten ruhen lassen. Pflaumen pürieren und mit
Zimt	würzen. Den Teig in vier bis fünf Stücke teilen. Die Teigstücke plattdrücken, pürierte Pflaumen daraufgeben und Knödel formen, nochmals zehn Minuten gehen lassen. Knödel in
schwach gesalzenem Wasser	aufkochen und in 15 Minuten gar ziehen lassen. Mit zerlaufener Butter servieren.

Tipp: Sie können auch frische Pflaumen pürieren. Sind diese zu saftig, geben Sie noch gemahlene Nüsse in die Füllung.

Süßes aus dem Ofen

Aufläufe und Gratins werden im Ofen gebacken. Bei einem Auflauf werden die teilweise schon vorgedünsteten Bestandteile in eine Auflaufform geschichtet und häufig mit einer Soße, die beispielsweise aus schaumig geschlagenen Eiern, Sahne oder Crème fraîche bestehen kann, übergossen und bei starker Hitze gebacken.

Die Bezeichnung Gratin kommt aus dem Französischen und bedeutet Kruste. Gratins werden beispielsweise mit Semmelbröseln, gemahlenen Mandeln oder Nüssen überbacken, in der pikanten Küche auch mit Käse.

Zur Abrundung der Gerichte werden häufig Soßen serviert, diese kann man sehr gut während der Backzeit zubereiten. Vorschläge für Soßen finden Sie im Kapitel ab Seite 148.

Beginnen wir mit einer der interessantesten Obstarten, der Banane, die sich bei Süßspeisen immer eignet. Wenn man Bananen verwendet, kann man auf andere Süßungsmittel verzichten oder deren Menge reduzieren. Auch in pikanten Gerichten haben Bananen übrigens ihren besonderen Reiz, doch das ist heute nicht das Thema.

Bananengratin

30 g Rosinen	in
20 g Butter	zwei bis drei Minuten anbraten.
30 g Weizen	fein mahlen, mit
3 Eiern,	
100 g Quark,	
100 g Joghurt,	
1 EL Honig	und
Vanille	gut verrühren.
4 Bananen	und
1 Apfel	in dünne Scheiben schneiden, mit
Zitronensaft	beträufeln. Obst und Rosinen vorsichtig unter die Quarkmasse heben, in eine gefettete Auflaufform geben, bei 150 °C etwa 30 Minuten vorbacken.
60 g Haselnüsse	und
30 g Roggen	fein mahlen, mit
40 g flüssigem Honig,	
30 g zerlassener Butter	und
Zimt	mit einer Gabel zu Streuseln vermischen, diese über dem vorgebackenen Auflauf verteilen und bei 200 °C in etwa 15 Minuten fertig backen.

Tipp: Dass ich gern noch Ingwer dazugebe, wird Sie sicher nicht verwundern. Statt der Nüsse können Sie auch Semmelbrösel oder Dinkelgrieß verwenden.

Gerne verwendet man bei Süßspeisen Hirse als Grundlage, wobei nicht zuletzt die schöne gelbe Farbe appetitanregend ist, vor allem, wenn sie noch rot unterlegt wird.

Hirse-Erdbeer-Auflauf

250 g Hirse	und
1 – 2 Stück Zimtrinde	in
500 ml Wasser	zwei Minuten aufkochen lassen, auf der ausgeschalteten Herdplatte ausquellen lassen und Zimtrinde herausnehmen.
300 g Erdbeeren	und
1 Banane	klein schneiden.
50 g Butter,	
50 ml Sahne,	
100 g Honig,	
Zimt	und
2 Eigelb	schaumig rühren, Hirse, Erdbeeren und Banane untermengen.
2 Eiweiß	steif schlagen und vorsichtig unterheben. Die Masse in eine Auflaufform füllen und den Auflauf bei 200 °C 50 Minuten backen, gegebenenfalls in den letzten zehn Minuten mit Alufolie abdecken.

Tipp: Statt Zimtrinde können Sie natürlich auch Zimtpulver oder Vanille verwenden.

Stachelbeeren sind ein Gedicht, sofern man sie nicht selbst pflücken muss, denn die Stacheln des Strauches können ganz schön stechen. Eine Erfahrung, die unsere Della, eine Cairn-Terrier-Hündin, schon als Hundebaby machen musste. Denn bei einem ihrer ersten Ausflüge in den schneebedeckten Garten ragten die Äste eines kleinen Stachelbeerstrauches hervor. Neugierig, wie Della immer war und ist, versuchte sie, daran zu nagen und jaulte leicht auf, als sie sich stach.

Stachelbeer-Mandel-Auflauf

175 g Hafer	zu Flocken quetschen, mit
125 ml Milch	übergießen und etwas quellen lassen.
2 EL Butter	und
2 – 3 EL Honig	schaumig rühren.
150 g Quark	mit
125 g saurer Sahne	glatt rühren und mit der Honigmischung zu den Haferflocken geben.
100 g gemahlene Mandeln, Vanille, Ingwer, abgeriebene Zitronenschale	und
etwas Salz	zu den anderen Zutaten geben, gut durchmischen.
500 g Stachelbeeren	unterheben und alles in eine gefettete Auflaufform geben, mit
1 EL gemahlenen Mandeln	bestreuen, bei 200 °C etwa 45 Minuten backen. Mit Zimt oder Vanillesoße servieren (Rezepte siehe ab Seite 150).

Tipp: Statt Stachelbeeren können Sie auch Rhabarber verwenden.

Weintrauben werden relativ selten für warme Süßspeisen und Kuchen verwendet, ganz zu Unrecht. Beim Kochen und Backen oder auch im Frischkornmüsli ziehe ich kernlose Trauben vor.

Weintraubenpastete

100 g Haselnüsse	grob reiben,
100 g Roggen	und
150 g Weizen	fein mahlen und alles mit
Zimt	mischen.
125 g Honig	und
100 g Butter	etwas verflüssigen, dann dazugeben und mit einer Gabel zu einer krümeligen Masse verarbeiten.
600 – 800 g kernlose Weintrauben	unter die Teigmasse mischen, alles in eine gefettete Auflaufform geben und leicht zusammenpressen, mit
1 – 2 EL grob gehackten Haselnüssen	bestreuen, bei 200 °C etwa 40 Minuten backen. Warm mit einer Frucht- oder Vanillesoße servieren (Rezepte siehe Seite 150 und ab Seite 156).

Tipp: Wenn Sie auf tierische Produkte verzichten wollen, ist die folgende Variante geeignet: Ersetzen Sie die Butter durch ein Drittel Öl und zwei Drittel Wasser und den Honig durch Sirup.

Zwetschgen sind ein überaus vielseitig verwendbares Obst. Und trotzdem weiß man in manchen Jahren nicht wohin mit dem Obstsegen. Um Ihnen einige Alternativen zum beliebten Blechkuchen zu geben, finden Sie hier eines von mehreren in diesem Buch vorgestellten Rezepten mit Zwetschgen.

Zwetschgennudeln

300 g Weizen	fein mahlen, mit
125 ml Milch, 30 g Hefe, 2 – 3 EL Honig, 30 g Butter, etwas Salz	und
abgeriebener Zitronenschale	zu einem Hefeteig verarbeiten, etwa fünf Minuten kneten und anschließend 30 Minuten gehen lassen.
15 – 20 Zwetschgen	vorsichtig entsteinen. Hefeteig in 15 bis 20 Teile teilen und jeweils eine Zwetschge mit einem Teigstück umhüllen.
50 g Butter	in einer Auflaufform erwärmen, Zwetschgennudeln hineinsetzen, weitere 15 Minuten gehen lassen, dann bei 200 °C 20 bis 25 Minuten backen.
500 g Zwetschgen	mit wenig
Wasser	pürieren, eventuell halbsteif geschlagene
Sahne	unterziehen und zu den Nudeln servieren.

Tipp: Alternativ zur fruchtigen Zwetschgensoße passt zu den Zwetschgennudeln immer auch eine Vanillesoße (Rezept siehe Seite 150).

Mais ist nicht jedermanns Geschmack, doch dieses Rezept wird auch die Skeptiker überzeugen.

Apfelpolenta

60 g Butter	und
80 g Honig	in einem Topf zerlassen, die Hälfte der Honigbutter mit
500 g saurer Sahne	über
125 g Maisgrieß	geben und alles mit
etwas Salz	gut vermischen. Von
700 g Äpfeln	die Kerngehäuse entfernen, Äpfel in dünne Scheiben schneiden, dann in eine gefettete Auflaufform schichten, mit
1 – 2 EL Honig	beträufeln, dann die Polenta darüberstreichen. Mit der Honig-Sahne-Mischung übergießen.
1 EL Zitronensaft	mit der restlichen, noch flüssigen Honigbutter vermischen, den Auflauf damit beträufeln und bei 200 °C 50 bis 60 Minuten backen.

Tipp: Sie können auch einen mehr oder weniger großen Teil des Maisgrießes durch Weizengrieß ersetzen.

Tipp: Probieren Sie statt saurer Sahne auch mal Dickmilch oder süße Sahne, bei süßer Sahne reicht zum Süßen ein Esslöffel Honig.

Aus der feinen französischen Küche stammt der folgende

Obstauflauf

75 g Buchweizen	und
75 g Weizen	fein mahlen.
5 EL Sonnenblumenöl	mit
2 – 3 EL Honig	und der
abgeriebenen Schale einer halben Zitrone	verquirlen, nach und nach
2 Eier	dazugeben, anschließend das Mehl und
150 ml Mineralwasser	einrühren und den Teig gut 15 Minuten quellen lassen.
500 g Birnen	schälen, vierteln und entkernen.
500 g Zwetschgen	entsteinen. Obst mischen und mit dem
Saft von einer Zitrone	beträufeln. Die Früchte in eine gefettete Auflaufform geben. Den Teig darübergießen – er sollte die Konsistenz eines Pfannkuchen-Teiges haben.
2 EL Walnüsse	grob hacken und den Auflauf damit bestreuen. Bei 180 °C etwa 45 Minuten backen und heiß servieren.

Tipp: Backen Sie den Auflauf auch mal mit Aprikosen oder Pfirsichen.

Das nächste Rezept erinnert mich an die Donnerstage in meinem Vollwertrestaurant, denn donnerstags gab es neben den zwei täglich wechselnden Hauptgerichten immer auch eine süße Hauptspeise. Dieser Tag war der arbeitsreichste, aber dafür meist auch der umsatzträchtigste Tag der Woche. Wenn ich mir nicht vor der Restaurantöffnung bereits eine süße Portion reserviert hätte, wäre ich meist leer ausgegangen.

Buchteln

400 g Weizen	fein mahlen, mit
etwas Salz, 100 ml Wasser, 100 ml Sahne, 1 – 2 EL Honig,	
30 g Hefe	und
1 Ei	gut fünf, besser zehn Minuten zu einem Hefeteig kneten. Diesen 20 bis 30 Minuten zugedeckt an einem warmen Ort gehen lassen. Danach aus dem Teig eine Rolle mit fünf Zentimetern Durchmesser formen. Etwa zwei bis drei Zentimeter dicke Scheiben abschneiden und zu Knödeln oder Knöpfle formen, diese eng nebeneinander in eine gefettete Auflaufform setzen, nochmals 10 bis 15 Minuten gehen lassen. Mit
Milch oder Sahne	bepinseln, bei 200 °C etwa 30 Minuten backen. Mit Vanille-, Zimt- oder Fruchtsoße servieren (Rezepte ab Seite 150).

Tipp: Sie können den Teig auch ohne das Ei herstellen. Wenn Sie ganz auf tierische Produkte verzichten wollen, lässt sich die Sahne durch Wasser und der Honig durch Sirup ersetzen.

Als ich mir die Rezepte für dieses Buch überlegte, hatten wir eines Abends Gäste, und meine Frau Ingrid wählte nach langem Wälzen von sehr vielen Kochbüchern und selbst zusammengestellten Rezeptsammlungen einen Gemüseflan als Hauptgericht aus.
Ich war nicht besonders begeistert davon, weil ich dieses Gericht privat mindestens schon zweimal in den letzten Jahren gekocht hatte und es beim dritten Mal langsam langweilig fand. Aber ich erfüllte den Wunsch. Dabei kam mir der Gedanke, auch einmal eine süße Variante des Rezeptes zu probieren. Hier das Ergebnis.

Obstflan

30 g Rosinen	in
150 ml Wasser	kurz aufkochen und quellen lassen.
100 g Himbeeren	halbieren,
1 Apfel	halbieren, schälen, entkernen und nicht zu fein raspeln, ebenso
1 Pfirsich.	Das klein geschnittene Obst mit
150 g Johannisbeeren	und den abgetropften Rosinen mischen und in vier gut gefettete Timbaleformen geben.
4 Eier	mit
50 ml Rosinen-einweichwasser	und
50 g Himbeeren	im Mixer pürieren, bis sich eine rötliche Farbe herausbildet. Dann
30 g Gerste	und
30 g Hafer	sehr fein mahlen und mit
Zimt	und

Ingwer

in die Eiermasse rühren. Die Masse über das Obst in die Förmchen gießen. Die Förmchen in eine größere, mit Wasser gefüllte Form stellen und im vorgeheizten Backofen bei 180 °C 35 bis 40 Minuten backen. Aus dem Ofen nehmen, auf einen Teller stürzen und mit Fruchtsoße servieren (Rezepte ab Seite 156).

Tipp: Sie können auch Tassen statt der Timbaleformen nehmen oder das Ganze in einer sehr flachen Auflaufform backen, dann jedoch genügend Wasser in die Fettpfanne geben.

Tipp: Birnen und Erdbeeren sind Varianten.

Kartoffeln eignen sich nicht nur für einen Salat oder Eintopf, sondern auch für Kuchen und Torten, und sie geben dem folgenden Auflauf seine Besonderheit.

Süßer Kartoffelauflauf

250 g Pellkartoffeln	durch die Kartoffelpresse drücken oder mit einem Kartoffelstampfer zerdrücken.
100 g Mandeln	fein reiben.
2 EL Honig	mit
100 g Butter	schaumig rühren, nach und nach
4 Eigelb	dazugeben. Dann die Kartoffeln und die Mandeln einarbeiten und
abgeriebene Zitronenschale	dazugeben.
4 Eiweiß	steif schlagen und vorsichtig unterheben, Kartoffelmasse in eine gefettete Auflaufform geben, bei 200 °C 35 bis 40 Minuten backen, mit Vanille- oder Fruchtsoße servieren (Rezepte ab Seite 150).

Tipp: Nehmen Sie statt der Kartoffeln einfach mal Süßkartoffeln. In diesem Fall brauchen Sie nur einen Esslöffel Honig zum Süßen.

Das nächste Rezept, die beiden nächsten Rezepte, können eigentlich nur in Schwaben entstanden sein. Denn uns Schwaben sagt man ja nach, dass wir besonders sparsam seien. Uns nicht Wohlgesinnte sagen es etwas drastischer: »Schwaben sind wegen besonderen Geizes des Landes verwiesene Schotten«. Ich möchte zwar nicht so weit gehen, aber es stimmt: Die Rezepte stammen von einer sparsamen Hausfrau, die nichts wegwirft, was noch nicht verdorben ist.

Kirschenmichel

4 altbackene Vollkornbrötchen	mit
250 ml heißer Milch	übergießen und quellen lassen.
750 g Kirschen	entsteinen.
75 g Mandeln	fein reiben.
50 g Butter	mit
2 – 3 EL Honig	verrühren, nach und nach
3 Eigelb	und die Mandeln zugeben, mit
Zimt	und
Nelke	würzen. Die Eiercreme mit den eingeweichten Brötchen vermengen, die Brötchen dabei etwas zerreißen.
3 Eiweiß	steif schlagen und mit den Kirschen unterheben, eine Auflaufform einfetten und mit
Semmelbröseln	ausstreuen. Bei 200 °C etwa 50 Minuten backen.

Tipp: Statt der altbekannten Brötchen können Sie auch einige Scheiben getoasteten Vollkorntoast verwenden.

Tipp: Wenn Sie statt der Kirschen Äpfel nehmen und die Eier gleich mit der Milch verquirlen, statt sie zu trennen ... erhalten Sie einen Ofenschlupfer (Rezept siehe Seite 134).

Wie die Spätzle gehört der Ofenschlupfer zu unseren Leibspeisen und darf in keinem schwäbischen Speiseplan fehlen. Ich kaufe daher mitunter gezielt zu viele Brötchen ein oder backe selbst mehr als ich benötige, damit ich genügend für dieses Rezept übrig habe.

Ofenschlupfer

4 altbackene Vollkornbrötchen	in dicke Scheiben schneiden und in eine Schüssel geben.
250 ml Milch	mit
2 Eiern,	
1 – 2 EL Honig,	
reichlich Zimt	und
Vanille	verquirlen und über die Brötchenscheiben gießen, diese mehrmals wenden, damit sie ganz durchtränkt werden.
750 g Äpfel	schälen, entkernen und in Scheiben schneiden, mit
Ingwer	und
Zimt	würzen. Brötchenmasse und Äpfel lagenweise abwechselnd in eine gefettete Auflaufform schichten, bei 180 °C etwa 45 Minuten backen. Heiß mit kalter Vanillesoße servieren (Rezept siehe Seite 150).

Tipp: Sie können unter die Äpfel auch Rosinen und gehackte Nüsse mischen.

Tipp: Wenn Sie Lust auf Ofenschlupfer haben und keine altbackenen Vollkornbrötchen im Hause sind, nehmen Sie einfach Vollkornzwieback.

Bleiben wir in meiner Heimat und kommen wir zu meinem Lieblingsobst, zu den Johannisbeeren oder Träuble. Das nächste Rezept stammt zwar von mir, aber meine Frau Ingrid hat es noch verfeinert. Sie kocht eigentlich bei uns zu Hause nicht oft, weil ich das meist mache, aber so einige Gerichte bereitet sie gerne zu.

Ingrids Träublesauflauf

50 g Haselnüsse	fein mahlen, mit
750 g Quark, 4 Eiern, 100 g Grieß, 80 – 100 g Honig, Vanille, Zimt, abgeriebener Zitronenschale	und
2 TL Backpulver	gut verrühren. Auflaufform einfetten, die Hälfte der Quarkmasse einfüllen,
500 – 600 g rote Träuble (Johannisbeeren)	darauf verteilen, restlichen Quark darübergeben. Bei 200 °C 45 bis 50 Minuten backen.

Tipp: Bei frischen Träuble oder wenn sie noch nicht ganz aufgetaut in den Teig kommen, empfiehlt es sich, die Menge der Nüsse zu erhöhen. Genauso gut schmecken aber auch Mandeln.

Tipp: Wenn ich den Auflauf backe, gebe ich noch Ingwer hinzu.

Bei diesem Rezept handelte es sich um einen der Renner aus meiner Zeit als Betreiber des Vollwertrestaurants »Salatschüssel«, den ich oft donnerstags servierte.

Carob-Reis-Küchle

250 g Rundkornreis	in
500 ml Milch	in 30 bis 40 Minuten weich kochen. Dann
2 EL Carobpulver, Vanille, 1 – 2 EL Honig	und
50 g gemahlene Mandeln	unterrühren, noch warm etwa einen Zentimeter dick auf ein mit kaltem Wasser abgespültes Blech streichen. Reismasse erkalten lassen. Im Backofen bei 200 °C 15 bis 20 Minuten backen, mit
etwas Honig	beträufeln, dann mit
Zimt	bestreuen und mit einer Fruchtsoße servieren.

Tipp: Schlagsahne oder Tofucreme (Rezept siehe Seite 152) sind mehr als nur eine Garnierung, vor allem wenn mit Safran gefärbt wird.

Tipp: Auch eine Vanille-, Zimt- oder Fruchtcreme rundet das Ganze ab (Rezepte ab Seite 150).

Die Süßkartoffel ist eine tolle Knolle und vielfältig verwendbar, nicht nur für Pikantes sondern auch und gerade für Süßspeisen.

Überbackene Süßkartoffeln

2 mittelgroße Süßkartoffeln	in
Salzwasser	aufkochen und zehn Minuten köcheln lassen, anschließend herausnehmen, der Länge nach halbieren, die Hälften bis auf einen Rand mit einer Breite von einem halben Zentimeter aushöhlen und zum Schluss schälen. Die entnommene Masse mit
150 g Mango	und
2 – 3 EL Honig	pürieren. Dann
100 g gemahlene Mandeln	und
1 EL Speisestärke	dazugeben und alles gut verkneten. Die ausgehöhlten Süßkartoffeln mit der Masse füllen und in eine leicht gefettete Auflaufform mit Deckel geben.
100 ml Apfelsaft	mit
1 TL Zimt, 1 TL Ingwer	und
½ TL Nelke	mischen und neben die Süßkartoffeln in die Auflaufform gießen. Bei 200 °C zugedeckt etwa zehn Minuten dünsten und dann weitere zehn Minuten bei gleicher Hitze ohne Deckel backen. Herausnehmen und warm servieren.

Tipp: Statt Mango eignen sich auch Erdbeeren, Himbeeren, Melone oder Pfirsich. Sie können das Ganze auch mit geschlagener Sahne garnieren.

Tipp: Mehr Süßkartoffelrezepte finden Sie in meinem Kochbuch »Süßkartoffel-Vielfalt mit Pfiff« (siehe Seite 175).

Noch warm mit Butter oder mit Butter und Honig oder Fruchtcreme schmecken die Rosinenbrötchen am besten, dazu ganz nach Belieben Getreidekaffee, Kaffee, Tee oder Kakao.

Rosinenbrötchen

250 g Weizen	und
250 g Dinkel	fein mahlen, mit
250 ml Milch,	
1 EL Honig,	
100 g Butter,	
1 Ei	und
1 Päckchen Trockenhefe	in knapp zehn Minuten zu einem Hefeteig kneten, dabei nach und nach
Zimt,	
Vanille	und
Ingwer	einarbeiten. Teig zugedeckt 30 Minuten an einem warmen Ort gehen lassen.
80 g Rosinen	in heißem Wasser ebenso lange quellen lassen, Wasser abgießen, Rosinen mit etwas
Mehl	bestäuben und kräftig in den Teig kneten. Aus dem Teig vorsichtig Brötchen formen, dabei nicht mehr kneten, Brötchen auf ein gefettetes Backblech setzen, mit
Milch (oder verquirltem Eigelb)	bestreichen. Im Ofen bei 200 °C gut 20 Minuten backen.

Tipp: Wenn Sie keine Trockenhefe verwenden möchten, können Sie natürlich auch mit 40 Gramm Frischhefe zuerst einen Vorteig herstellen und dann wie beschrieben fortfahren.

Um die Aufstrichrezepte im nächsten Kapitel richtig genießen zu können, hier noch ein Rezept für eine Unterlage.

Süße Fladen

150 g Weizen	fein mahlen, mit
100 g Maismehl	und
½ TL Backpulver	mischen und das Mehl mit
150 ml Milch	glatt rühren.
100 g Quark	und
1 – 2 EL Honig	einrühren. Auf einem gefetteten Backblech mit einem Löffel aus dem Teig etwa zehn dünne Fladen formen und glatt drücken. Bei 200 °C 20 bis 25 Minuten backen.

Tipp: Sie können noch Rosinen in den Teig geben oder einen Teil des Mehls durch gemahlene Nüsse ersetzen.

Süßes zum Streichen

Wer liebt es nicht, zumindest hin und wieder zum Frühstück frische Vollkornbrötchen mit Butter und einem süßen Aufstrich zu verzehren?

Vollwertig genießen, dieses Motto all meiner Bücher, gilt natürlich auch für die Brotaufstriche. Die Aufstriche schmecken auch besonders gut zu Windbeuteln. Meine Frau Ingrid findet vor allem den Nussaufstrich so lecker, dass sie gerne auch auf das Brot oder die Brötchen verzichtet.

Und das Beste daran: Die Aufstriche sind ganz einfach zuzubereiten, machen wenig Mühe und kosten kaum Zeit.

Statt Kakao verwende ich gerne Carob und ich variiere gerne mit Getreide. Hier aber ist Hafer am besten geeignet.

Hafer-Carob-Aufstrich

100 g Nackthafer	mittelgrob mahlen, mit
2 EL Carobpulver,	
Vanille	und
Zimt	mischen.
100 ml Wasser,	
50 – 100 g Honig	und
100 g Butter	leicht erwärmen, über den Hafer geben, mit dem Rührgerät gründlich verrühren und im Kühlschrank aufbewahren.

Tipp: Wenn Sie frische Butter nehmen, halten sich die Aufstriche gut eine Woche im Kühlschrank, aber ich bin fast sicher, Sie werden sie vorher verzehrt haben.

Tipp: Erhitzen Sie die Haferkörner in der Pfanne ohne Fett, bis sie anfangen zu duften, und mahlen Sie das Getreide erst dann.

Aus Trockenfrüchten lassen sich zur Winterszeit fantastische Aufstriche herstellen.

Pflaumen-Mandel-Aufstrich

100 g getrocknete, entsteinte Pflaumen, 50 g Rosinen, 3 EL gemahlene Mandeln, Ingwer, Zimt	und
Piment	im Mixer pürieren, dabei nach und nach
150 – 170 ml Orangensaft	zugießen und zu einer streichfähigen Creme verarbeiten.

Tipp: Probieren Sie einmal getrocknete Aprikosen, Feigen oder Datteln.

Tipp: Den Orangensaft können Sie auch durch Apfel- oder Traubensaft ersetzen oder einen Teil durch Zitronensaft.

Tipp: Nehmen Sie statt der Mandeln auch einmal Kokosraspel.

Tipp: Erhitzen Sie zwei bis drei Esslöffel Buchweizenkörner in der Pfanne ohne Fett, bis sie anfangen zu duften, und mahlen Sie dann den Buchweizen und ersetzen damit die Mandeln.

Für mich das Nonplusultra unter den süßen Aufstrichen ist zweifellos die folgende Paste, nicht gerade preiswert, aber es lohnt sich.

Walnuss-Schoko-Paste

100 g Walnüsse	sehr fein mahlen,
100 g Butter	leicht erwärmen, beides mit
50 – 60 g Honig	und
1 – 2 EL Kakaopulver	verrühren und erkalten lassen.

Tipp: Nehmen Sie keinen zu herben oder gar halbbitteren Kakao, da nützt dann auch die Erhöhung der Honigmenge nichts.

Tipp: Verwenden Sie Carob- statt Kakaopulver.

Tipp: Sie können natürlich auch andere Nüsse, Mandeln oder eine Nussmischung wählen.

In meiner zweiten Heimat, denn das ist Rügen in den letzten Jahren geworden, findet man häufig Sanddorn. Und zusammen mit Kürbis ergibt Sanddorn einen leckeren Brotaufstrich.

Sanddorn-Kürbis-Aufstrich

2 TL frisch geriebenen Ingwer	in
20 g Butter	kurz andünsten.
250 g Hokkaidokürbis	grob raspeln und mit
2 EL gesüßtem Sanddornsaft	und
30 g Honig	in der Ingwerbutter zugedeckt knapp fünf Minuten unter Rühren dünsten.
50 g Butter	dazugeben, kurz aufkochen lassen und das Ganze pürieren. Dann in ein Glas mit Schraubdeckel füllen und erkalten lassen.

Tipp: Würzen Sie je nach Vorliebe mit Zimt oder Vanille.

Tipp: Mischen Sie 30 bis 50 Gramm sehr fein gemahlene Mandeln oder Nüsse unter die Kürbis-Sanddorn-Masse.

Meist wird Obst für Marmelade gekocht, doch frisches Obst ergibt einen besonders leckeren Aufstrich, der allerdings rasch aufgebraucht werden muss. Diesbezüglich habe ich aber eigentlich keine Sorge.

Rohe Marmelade

500 g Obst	pürieren.
100 – 150 g Nüsse	fein reiben. Obstmus und Nüsse mit
2 – 4 EL Honig,	
Zimt	und
Vanille	würzen. Im Kühlschrank aufbewahren.

Tipp: Je nach Obst eignen sich als Gewürze vorzüglich auch Anis, Ingwer und sogar Fenchel.

Tipp: Bei frischem Obst brauchen Sie mehr, bei tiefgefrorenem weniger Nüsse; bei Trockenobst müssen Sie noch etwas Saft beim Pürieren hinzugeben.

Zaubern Sie einen süßen Aufstrich mit körnigem Frischkäse.

Feigenaufstrich

100 g getrocknete Feigen	in
50 ml heißem Wasser	etwa 15 Minuten einweichen. Das Wasser zur anderen Verwendung abgießen.
50 g Erdnüsse	fein mahlen und mit den Feigen sowie
250 g körnigem Frischkäse, 50 ml Sahne, Vanille	und
Nelke	pürieren und kalt stellen.

Tipp: Wenn der Frischkäse sehr trocken ist, müssen Sie eventuell etwas mehr Sahne nehmen.

Tipp: Sie können auch ein bis zwei Esslöffel Carob- oder Kakaopulver dazugeben.

Tipp: Auch andere Trockenfrüchte eignen sich, bei Zwetschgen oder Birnen können Sie eventuell noch etwas Honig dazugeben.

Krönende Soßen

Ein Gericht ohne Soße ist für einen Schwaben nur schwer vorstellbar und dies gilt natürlich auch für Desserts und Süßspeisen, wobei manche Soße so sättigend sein kann, dass man nichts dazu benötigt – vor allem wenn sie so lecker schmeckt wie die folgenden Kreationen.

Man kann Soßen heiß, warm oder auch gut gekühlt verwenden, besonders interessant ist es, wenn Sie damit einen Gegensatz bilden, zum Beispiel eine heiße Soße zu kaltem Eis.

Milch, Tofu, Obst beziehungsweise Obstsaft bilden die Grundlage für die Soßen, Gewürze geben den besonderen Kick und Mehl aus den verschiedensten Getreidearten sorgt für die notwendige Bindung.

Zu Aufläufen, Puddings und vielem mehr gehören Soßen ganz einfach dazu, mal auf Basis von Milch und Sahne, mal auf Basis von Früchten. Die Gewürze können meist ausgetauscht werden, so können Sie das folgende Rezept natürlich auch mit Zimt zubereiten und das übernächste mit Vanille.

Vanillesoße

50 g Reis	sehr fein mahlen.
500 ml Milch	mit reichlich
Vanille	aufkochen, Reismehl mit dem Schneebesen klumpenfrei einrühren, nach Geschmack
2 – 3 EL Honig	dazugeben, auf der ausgeschalteten Herdplatte 10 bis 15 Minuten quellen lassen, warm oder kalt servieren.

Tipp: Wenn Sie weniger tierisches Eiweiß verwenden wollen, – ich mache dies während der Heuschnupfenzeit, um die negativen Wirkungen dieser allergischen Reaktion erheblich zu vermindern, mit gutem Erfolg – nehmen Sie statt der Milch 100 Milliliter Sahne und 400 Milliliter Wasser.

Tipp: Nehmen Sie statt Milch Apfel-, Birnen oder weißen Traubensaft. Bei weißem Traubensaft können Sie die Honigmenge reduzieren.

Beim vorigen Rezept habe ich als Gewürz Vanille gewählt, jetzt ist es Zimt – natürlich können Sie die Gewürze nach Belieben austauschen und verwenden.

Zimtcreme

300 ml Milch	mit
200 ml Sahne	und
1 Stück Zimtrinde oder -stange	aufkochen, anschließend die Zimtrinde oder -stange herausnehmen.
2 Eier,	
50 g Honig	und
2 EL Wasser	in einen Topf geben und im heißem Wasserbad schaumig schlagen (nicht kochen lassen). Vom Herd nehmen, etwas kalt rühren. Zimtmilch dazugeben, eventuell noch mit
Zimtpulver	nachwürzen. Im Wasserbad unter Rühren bis kurz vor den Siedepunkt erhitzen. In eine Soßenschale gießen und abkühlen lassen.

Tipp: Zur Weihnachtszeit können Sie auch eine Lebkuchengewürzmischung verwenden oder den typischen Weihnachtsgeschmack durch die Verwendung von Nelke, Anis, Kardamom, Vanille und Zimt selbst kreieren.

Tofu wird oft als der »Quark aus der Sojabohne« bezeichnet und als pflanzlicher Eiweißspender gerne in der vegetarischen Küche verwendet. Tofu ist geschmacksneutral und kann daher mit den entsprechenden Zutaten süß oder pikant zubereitet werden.
Für alle, die keine Sahne verwenden wollen, ist Tofucreme in vielen Rezepten mehr als nur Sahneersatz. Besonders der weiche Seidentofu bereichert viele süße Gerichte.

Tofucreme

50 – 100 ml Fruchtsaft	mit
200 g Tofu,	
2 EL Honig	und
Vanille	im Mixer cremig schlagen.

Tipp: Verwenden Sie statt Vanille Zimt, Muskatblüte, Ingwer oder Koriander.

Tipp: Nehmen Sie statt Fruchtsaft Getreidekaffee oder erhitzen Sie Wasser und rühren ein bis zwei Esslöffel Carob- oder Kakaopulver ein.

Tipp: Garnieren Sie den Tofu mit gerösteten und gehackten Nüssen oder Mandeln.

Wie so oft schmeckt eine eigenwillige Kreation besonders lecker. Die Soße passt zu Eis, aber auch zu Obst – vertrauen Sie mir.

Orangen-Carob-Soße

2 Blutorangen	auspressen. Saft mit
1 EL milden Honig	aufkochen, vom Herd nehmen.
2 EL Carobpulver	durch ein Sieb in die Flüssigkeit streichen.
1 EL Pfeilwurzelmehl oder Speisestärke	in
2 – 3 EL Wasser	klumpenfrei anrühren und in die heiße Flüssigkeit streichen, nochmals aufkochen und abkühlen lassen.

Tipp: Zu Eis die Soße heiß oder warm, sonst kühl servieren.

Wer nicht den Mut zum vorigen Rezept hat, bekommt hier eine »harmlose« Schokovariante.

Schokosoße

100 g Vollmilchschokolade	mit
100 ml Sahne	im Wasserbad erhitzen, gelegentlich umrühren. Fertig.

Nicht ganz so fruchtig wie eine reine Fruchtsoße, aber genauso gut ist die

Apfelsahne

150 ml Sahne	mit
1 – 2 EL flüssigem	
Honig	halbsteif schlagen.
2 süße Äpfel	mit der Schale fein in die Sahne raspeln, mit
Zimt	und
Vanille	würzen und zu Pfannkuchen oder einem Auflauf servieren.

Tipp: Mischen Sie ein bis zwei Esslöffel gemahlene Nüsse darunter.

Tipp: Verwenden Sie auch einmal Birnen oder im Sommer Erdbeeren (nur mit der Gabel zerdrücken) und testen Sie im Winter die exotischen Varianten Mango oder Kaki, die püriert werden.

Bei manchen Rezepten frage ich mich, in welches Kapitel sie am besten passen. So geht es mir auch beim Apfelmus. Gehört es hierher oder könnte man es nicht auch bei den Fruchtcremes unter den Aufstrichen anführen, als eigenständiges Fruchtdessert behandeln oder gleich bei den Quarkkeulchen ergänzen? Ich habe mich für dieses Kapitel entschieden.

Rohes Apfelmus

Saft von zwei Zitronen	mit der
abgeriebenen Schale	
von einer Zitrone	und
1 – 2 EL Honig,	
Zimt	und
Ingwer	gut verrühren.
1 kg Äpfel	vierteln, entkernen und mit einer feinen Reibe in den Saft reiben, größere Schalenteile entfernen. Jeden Apfel sofort unterrühren.

Tipp: Zu Pfannkuchen, Kartoffelpuffern, Quarkkeulchen oder Ähnlichem servieren.

Tipp: Mit geschlagener Sahne oder Tofucreme (Rezept siehe Seite 152) verfeinert, ist das rohe Apfelmus auch ein eigenständiges Dessert, dazu noch einige gehackte Nüsse oder Rosinen. Und niemand denkt mehr an eine Beilage.

Tipp: Interessant ist auch Sanddorn-Apfelmus: Geben Sie hierfür entweder ungesüßten Sanddornsaft oder mit Honig gesüßten Sanddornsaft zum Apfelmus.

Bei den folgenden Obstsoßen können Sie natürlich jeweils auch eine andere Obstart wählen.

Himbeersoße

1 EL Reismehl	mit
1 EL Pfeilwurzelmehl,	
Vanille,	
Zimt	und
abgeriebener	
Zitronenschale	mischen, mit
125 ml Wasser	und
2 EL Honig	glatt rühren.
200 g Himbeeren	dazugeben, aufkochen und fünf Minuten köcheln lassen. Warm oder kalt servieren.

Zwetschgensoße

250 g Zwetschgen	entsteinen, mit
250 ml Apfelsaft	pürieren, mit
Zitronensaft,	
Nelke,	
Zimt,	und
eventuell Honig	würzen. Warm oder kalt servieren.

Kirschsoße

150 ml Kirschsaft	mit
1 EL Honig	und
abgeriebener Schale	
einer halben Zitrone	aufkochen.
250 g Schattenmorellen	entsteinen und in den Saft geben.
2 EL Maismehl	klumpenfrei einrühren, alles fünf Minuten kochen lassen, mit
Vanille	und
Zimt	würzen. Ganz kurz pürieren, so dass noch Fruchtstücke in der Soße vorhanden sind.

Tipp: Seien Sie bei der Verwendung von Honig sparsam, da die meisten Früchte genügend Süße besitzen.

Wenn es im Winter kaum frisches Obst gibt, ist die Rosinensoße mehr als nur eine einfache Alternative.

Rosinensoße

250 ml roten	
Traubensaft	mit dem
Saft von	
3 Orangen,	
2 Scheiben Zitrone,	
3 Nelken,	
1 Stück Zimtrinde	und
50 g Rosinen	aufkochen,
1 – 2 EL Pfeilwurzelmehl	in etwas
Wasser	auflösen, in den Saft rühren, Nelken, Zimtrinde und Zitronenscheiben herausnehmen. Gegebenenfalls mit
Honig	abschmecken.

Tipp: Zum Andicken der Soße ist Johannisbrotkernmehl (beispielsweise Bindobin) aus dem Reformhaus oder Naturkostladen eine Alternative zu Pfeilwurzelmehl.

Noch zwei einfache Soßenrezepte.

Soße aus Trockenobst

100 g gemischtes Trockenobst (Zwetschgen, Aprikosen)	mit
200 – 250 ml Wasser	aufkochen und gut eine Stunde quellen lassen. Mit dem restlichen Einweichwasser pürieren und nach Bedarf noch
Obstsaft	zugeben, bis die gewünschte Konsistenz erreicht ist.

Schnelle Fruchtsoße

500 ml roten Traubensaft	aufkochen, in der Zwischenzeit
50 – 80 g Gerste	sehr fein mahlen, mit dem Schneebesen in den Saft einrühren, vom Herd nehmen, etwas abkühlen lassen und servieren.

Tipp: Ist die Soße zu fest, noch etwas Saft einrühren.

Tipp: Noch weniger Arbeit haben Sie, wenn Sie statt Mehl einfach 50 Gramm Weizengrieß verwenden.

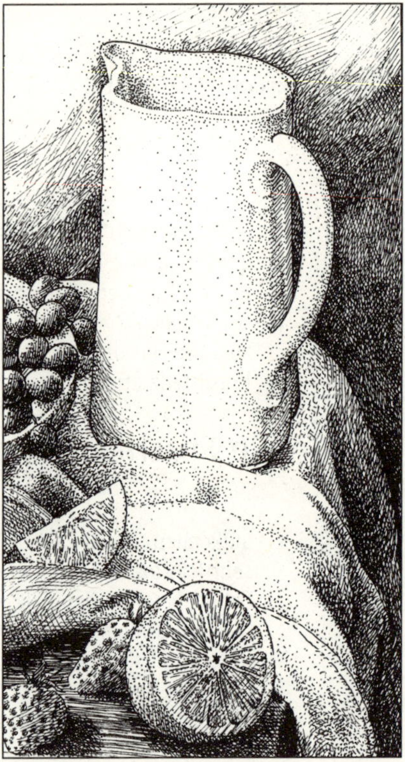

Süße Getränke

Wie schon erwähnt, wandern wir sehr viel, so sind wir in den letzten Jahren schon mehrmals durch ganz Deutschland gewandert. Dabei bleiben vielfach scheinbare Kleinigkeiten besonders lange im Gedächtnis, so wie die folgende:

Im Sommer kann es manchmal ganz schön heiß sein, so auch als wir vom Schwarzwald in Richtung Rheinebene unterwegs waren.

Dreißig Grad im Schatten, doch leider gab es keinen Schatten. Müde und durstig kamen wir am Spätnachmittag im nächsten Hotel, in dem wir übernachten wollten, an. Als Erstes bestellten wir etwas zum Trinken, bekamen ein Holunderblütengetränk serviert und waren begeistert. Noch selten hat uns beiden an einem heißen Tag ein Getränk so gut geschmeckt.

Doch testen Sie das Holunderblütengetränk einfach an einem heißen Sommertag selbst. Das Getränk braucht einen Tag, um seinen vollen Geschmack zu entwickeln – stellen Sie es also in weiser Voraussicht rechtzeitig her.

Holunderblütengetränk

3 l Wasser	mit
100 g flüssigem Honig	und
7 EL Apfelessig	verrühren und in einen großen Topf schütten.
1 Zitrone	auspressen,
1 Zitrone	mit der Schale in Scheiben schneiden. Saft und Zitronenscheiben in den Topf geben. Von
8 – 9 Holunderblütendolden	die dicken Stiele abschneiden, die Dolden vorsichtig unter fließendem Wasser abspülen, in die Wassermischung geben und umrühren. 24 Stunden zugedeckt ziehen lassen, dann kühlen und gut gekühlt servieren.

Tipp: Wer will, kann noch mit etwas Ingwer oder Zimt würzen oder eine Zitrone durch eine Orange ersetzen.

Für die gleiche Witterung geeignet ist das folgende Getränk, das aus dem heißen Indien stammt, wobei ich es aber auch zu anderer Jahreszeit ebenso gerne trinke.

Mangolassi

1 Mango	schälen, entkernen und pürieren. Püree durch ein feines Sieb streichen.
175 g Joghurt	und
825 ml geeistes Wasser	dazugeben, mit dem Schneebesen kräftig schlagen und sofort servieren.

Tipp: Einfacher ist es, wenn Sie statt des Mangopürees drei bis vier Esslöffel Mangosaft verwenden. Auch andere Säfte sind geeignet, Sie können die Joghurt-Eiswasser-Mischung auch pur nur mit etwas Honig oder Sirup gesüßt servieren.

Tipp: Hier auch mal eine pikante Variante: Kein Obst, sondern die Joghurtflüssigkeit nur etwas salzen.

Eigentlich empfinde ich bei der vollwertigen Küche keinerlei Verzicht, sondern ganz im Gegenteil, einen Gewinn an Genuss. Nur ein Problem habe ich noch nicht gelöst. Ich kann mich einfach nicht an ungesüßten Kaffee gewöhnen, ganz gleich, ob es sich um Bohnen- oder Getreidekaffee handelt. Und Süßen mit Honig, das habe ich nur zweimal probiert, nämlich das erste und gleichzeitig das letzte Mal. Doch beim folgenden Getränk kann man den Kaffee sehr gut mit Honig süßen, da Milch ein wesentlicher Bestandteil des Getränks ist.

Eiskaffee spezial

Knapp eine halbe Tasse starken Getreidekaffee, 1 EL Kakaopulver	und
1 TL Honig	verrühren und kühl stellen. Dann
1 – 2 EL Koulfi (Rezept siehe Seite 78) (oder Vanilleeis)	dazugeben, mit
knapp einer halben Tasse eiskalter Milch	auffüllen und mit Strohhalm servieren

Tipp: Sie können dafür selbstverständlich auch normalen Bohnenkaffee mit oder ohne Koffein verwenden.

Als ein Freund von mir seinen Kollegen anlässlich einer kleinen Betriebsfeier diese Bowle servierte, waren alle begeistert. Nur einer, der meinen Freund – einen Guttempler – noch nicht so gut kannte und nicht wusste, dass dieser keinen Alkohol trinkt, meinte später: »Von der Bowle hätte man viel trinken können bis man einen Schwips bekommen hätte, weil doch sehr wenig Alkohol drinnen gewesen ist«. Als er später erfuhr, dass er das ganze Fest alkoholfrei verbracht hatte, konnte er dies bei der guten Stimmung, die herrschte, einfach nicht glauben.

Teebowle

1 l Wasser	aufkochen,
6 TL Assamtee	dazugeben und fünf Minuten ziehen lassen, dann abseihen und in ein Bowlegefäß füllen.
60 g Honig	und
Vanille	zugeben und zugedeckt abkühlen lassen.
250 g frische Erdbeeren	halbieren, große Früchte vierteln.
1 Orange	und
1 Banane	in dünne Scheiben schneiden. Das ganze Obst in den Tee geben.
3 – 4 Zitronen	und
1 kg Orangen	auspressen und den Saft zum Tee geben. Mit
1 l weißen Traubensaft	auffüllen. Von
1 Zitrone	die Schale spiralförmig abschneiden und die Bowle damit garnieren.

Tipp: Sie können auch roten Traubensaft oder Apfelsaft und statt Erdbeeren Himbeeren verwenden.

Und nun etwas für die kalte Jahreszeit.

Winterpunsch

500 ml Apfelsaft	und
500 ml weißen Traubensaft	mit dem
Saft von 2 Blutorangen	und dem
Saft von einer Zitrone	mischen. Saftmischung mit
1 Stück Zimtrinde,	
1 Sternanis,	
2 Kardamomkapseln	und
3 – 4 Nelken	aufkochen und zehn Minuten köcheln lassen. Anschließend etwa eine Stunde ziehen lassen. Vor dem Servieren nochmals kurz aufkochen lassen, dann die Gewürze herausnehmen.

Tipp: Schälen Sie einen Apfel, vierteln Sie ihn, entfernen Sie das Kerngehäuse und spicken Sie die Viertel mit den Nelken. Vor dem Servieren entfernen Sie die Nelken und zerdrücken die Apfelviertel, falls diese noch nicht zerfallen sind, und lassen den Apfel im Punsch.

Tipp: Geben Sie noch kleine Stückchen frischen Ingwer in den Punsch.

Der Autor

Herbert Walker, Jahrgang 1946, Diplom-Bauingenieur und Betriebswirt (VWA), kam als engagierter Tierschützer und Tierversuchsgegner über die Vollwertkost zur vegetarischen Lebensweise. Nach einer Ausbildung bei Dr. Bruker zum Gesundheitsberater (GGB) nahm er eine Auszeit vom erlernten Beruf und betrieb für drei Jahre das vegetarische Vollwertrestaurant »Salatschüssel« in Heidenheim. Daneben führte er im Restaurant und bei verschiedenen Volkshochschulen Vollwertkoch- und -backkurse durch und begann mit dem Schreiben: Bis heute sind es zehn Koch- und Backbücher. Daneben war er als freier Mitarbeiter für eine Zeitschrift für Baubiologie tätig.
Seit einigen Jahren arbeitet er als Unternehmensberater für die Baubranche und hat auch hier mehrere Fachbücher veröffentlicht. Kochen und Backen sind immer noch seine wichtigsten Hobbys, er schreibt weiterhin Kochbücher und gibt hin und wieder Kochkurse.

Von Herbert Walker sind außer »Desserts & mehr« folgende, im palaverlag erschienene Bücher erhältlich:

- Vollwertig kochen und backen mit Pfiff
- Schnelle Vollwertküche mit Pfiff
- Vollwertkuchen mit Pfiff
- Vollwertige Weihnachtsbäckerei mit Pfiff
- Schwäbisch kochen – vollwertig mit Pfiff
- Bohnen, Erbsen, Linsen & Co.
  – vollwertige Rezepte mit Hülsenfrüchten

Rezeptindex

Rezepte mit einem * sind tierisch-eiweißfrei; im Buch sind diese Rezepte mit zwei Ähren gekennzeichnet.
Ist ein Rezept mit (*) markiert, bedeutet dies, dass z. B. durch Ersatz von Butter durch Öl oder Margarine das Gericht ohne Weiteres ohne tierisches Eiweiß zubereitet werden kann; im Buch wird dies durch eine Ähre angezeigt.

Andere Bücher von Herbert Walker

H. Walker: **Vollwertig kochen und backen – ohne tierisches Eiweiß**
ISBN: 978-3-89566-146-4

Herbert Walker:
Schnelle Vollwertküche mit Pfiff
ISBN: 978-3-89566-167-9

Herbert Walker:
Vollwertige Weihnachtsbäckerei
ISBN: 978-3-89566-182-2

Herbert Walker:
Bohnen, Erbsen, Linsen & Co.
ISBN: 978-3-89566-215-7

Vollwertküche mit Pfiff

Herbert Walker: **Schwäbisch kochen – vollwertig mit Pfiff**
ISBN: 978-3-89566-208-9

Herbert Walker:
Vollwertkuchen mit Pfiff
ISBN: 978-3-89566-217-1

Ute Rabe :
Dinkel und Grünkern
ISBN: 978-3-89566-189-1

Wolfgang Hertling:
Kochen mit Hirse
ISBN: 978-3-89566-164-8

Süßkartoffel – Vielfalt mit Pfiff

Mit über 60 vegetarischen, vollwertigen Rezepten und zahlreichen Tipps zeigt Herbert Walker, wie vielfältig sich die hierzulande noch weitgehend unbekannten Süßkartoffel verwenden lässt. Botanisch nicht mit unserer einheimischen Kartoffel verwandt, hat sie einen leicht süßlichen, mitunter auch etwas scharfen Geschmack, sodass einem dieser positiv im Gedächtnis bleibt. Ob im Salat, in Suppen und Eintöpfen, als Hauptgericht oder Beilage: Das vitaminreiche Gemüse ist ein Allroundtalent und immer äußerst schmackhaft. Auch in Kuchen und Süßspeisen machen sich die gelben bis purpurroten Wurzeln gut, sogar herrliches Eis lässt sich aus ihnen bereiten.

Herbert Walker:
Süßkartoffel
– Vielfalt mit Pfiff
ISBN: 978-3-937187-06-8

ISBN: 978-3-89566-229-4

Rheinstr. 35, 64283 Darmstadt
www.pala-verlag.de

Illustrationen und Umschlaggestaltung: Margret Schneevoigt
Lektorat: Angelika Eckstein

Druck: fgb • freiburger graphische betriebe
www.fgb.de